95%的成功来自高效的社交能力!

高效能人士的社交训练课

社交商培养与训练手册

墨羽◎著

中国商业出版社

图书在版编目（CIP）数据

高效能人士的社交训练课/墨羽著. -- 北京：中国商业出版社, 2020.9
（高效能人士成长系列）
ISBN 978-7-5208-1222-1

Ⅰ.①高… Ⅱ.①墨… Ⅲ.①心理交往—通俗读物 Ⅳ.①C912.11-49

中国版本图书馆 CIP 数据核字 (2020) 第 151142 号

责任编辑：朱丽丽

中国商业出版社出版发行
（100053北京广安门内报国寺1号）
010-63180647www.c-cbook.com
新华书店经销
三河市宏顺兴印刷有限公司印刷

*

710毫米×1000毫米　16开　17印张　250千字
2020年12月第1版　2020年12月第1次印刷
定价：48.00元

****

（如有印装质量问题可更换）

前言

网络社交时代，谁还没有一个"朋友圈"呢？但是比较之后不难发现，朋友圈之间的差距有天壤之别。

商界大佬马云的朋友圈金光闪闪，涵盖了政界、商界、演艺界、体育界等各行各业的名流。这对普通人有什么启示呢？"物以类聚，人以群分"，一个人有什么样的"朋友圈"，他就会成为什么样的人，拥有什么样的事业，取得什么样的成就。

进入21世纪，随着网络社交不断发展，人与人之间的交流变得更频繁、更密切，也更便捷。高效能人士懂得停止无效社交、发展高质量的人脉，在人生博弈中获得更多。

看看周围人的朋友圈：倾听专家在行业峰会上的知识分享，与行业老前辈喝茶取经，参观行业内最先进的研发实验室，在论坛上与志同道合的网友头脑风暴，在网络上认真听名校教授的公开课……

当别人在四处搭建自己的社交网络时，你在做什么？宅在家里打游戏，躺着刷剧，一边喝着啤酒一边吹牛……显然，这无助于我们结识有价值的人、发展高含金量的朋友圈。如果你想活出全新的自我，过上自己想要的生活，请放弃眼前的无效社交，"深耕"属于自己的人脉，拥有高价值的社会关系。

今天，社交也是一种生产力。通过社交，我们可以获得最新、最前沿的一线消息,而这些消息中,很可能蕴藏着各种各样的事业发展机会;我们可以收集更多的资源,几个人一拍即合,就能迅速组成一个高效稳定的合作联盟;我们可以互通有无,获得更清晰的自我认知,从而不断完善自我,提升自我,获取不断进步的精神动力……

进入网络时代,人们既享受着方便、快捷的社交服务,又承受着人际关系复杂、淡漠等因素带来的消极影响。比如,你的微信朋友圈有几百甚至上千人,但绝大多数几乎不联系,剩下的一部分只是"点赞"之交,真正经常联系且关系较好的人没有几个。

社交是一门关系到事业成败的学问,如果你想取得成功人士那样的业绩,必须建立起紧密、高端、有效的社交网络,从而充分掌控自己的时间和生活,真正实现"一分耕耘十分收获"。

高效能人士有一套行之有效的社交训练课,比如:通过精准表达,把话说到点子上;善结人缘,成为最受欢迎的人;巧妙搭讪,与陌生人一见如故……

你想成为社交高手吗?你想让自己的朋友圈不断升级吗?你想与更多专家、精英建立联系吗?在本书中,我们为广大读者量身设计了一套社交训练课,只要你想变得更优秀,并愿意为了实现高效社交而行动起来,那么就能通过刻意练习节约社交成本,轻松实现人脉变现。

| 目录 |

第一章　精准表达，跟任何人都能聊得来 ………………………… 001

有效社交的关键是把话说到点子上 …………………………………… 002
沟通效果取决于你的回应 ………………………………………………… 004
说话时，一定要注意对方的反应 ………………………………………… 005
说话不知轻重，只会让你的人际关系更糟糕 …………………………… 007
引发心理认同感，与对方惺惺相惜 ……………………………………… 009
这些话千万不要轻易说出口 ……………………………………………… 011
会说圆场话，不做冷场王 ………………………………………………… 013
谈话中懂得以"让"为"争" …………………………………………… 015

第二章　修人缘：让自己成为最受欢迎的人 …………………………… 017

平等原则：唯有"平等"才能产生友谊 ………………………………… 018
互惠原则：双赢胜过自己单方受益 ……………………………………… 020
分享原则：不要一个人吃"独食" ……………………………………… 021
回报原则：滴水之恩必要以涌泉相报 …………………………………… 023
低调原则：地低成海，得意之时不可张扬 ……………………………… 026
吃亏原则：对待朋友要多付出 …………………………………………… 028

第三章 搭讪：快速与陌生人成为朋友 031

开场白直接关系搭讪成败 032
放不下面子，搭讪怎能成功 034
如何避开搭讪误区，防止尴尬 036
探知对方心理，提高搭讪成功率 038
三分钟快速成功搭讪法 040
你不知道的十大"搭讪礼仪" 042

第四章 拒人有方：委婉暗示令对方知难而退 045

说"不"要委婉，点透即可 046
慢点说"是"，笑着说"不" 047
抢先一步，让对方的请求说不出口 048
巧妙运用"客观理由"拒绝 051
转移话题，轻松达到拒绝目的 052

第五章 求人：不被拒绝的心理策略 055

展现自身价值才好获得更多帮助 056
求人办事不如激"将"上阵 058
诉苦，激起对方的同情心 060
戴高帽，让对方无法开口拒绝 062
软磨硬泡能迫使对方妥协 064

第六章 迂回社交，巧妙化解社交活动中的难题 067

遭遇尴尬，你能灵活化解吗 068

批评声也可以变得"动听"……………………………………070
打圆场的"社交"艺术…………………………………………072
不按常理出牌，往往能出奇制胜……………………………074
谁说"拒绝"一定会伤人………………………………………076

第七章　顺应人性，社交当中的你更能招人喜欢……………079

不要抱怨他人的自私……………………………………………080
请原谅那些善于嫉妒的人………………………………………082
遭遇背叛，与其愤怒不如一笑…………………………………084
别指望人人都有感恩的心………………………………………086

第八章　完美笑话公式：幽默能够使社交更具有魅力…………089

画龙点睛才是幽默的王道………………………………………090
拟人：让无意识的动物替你说话………………………………091
幽默，穿透人心的魔咒…………………………………………092
设置悬念的幽默方式……………………………………………093
注重场合对象，避免过于随意…………………………………095

第九章　交际要懂分寸感，尊重他人的心理边界………………097

心理距离效应：交往过密只会伤害彼此………………………098
对朋友的秘密一定要守口如瓶…………………………………100
不要窥探朋友的隐私……………………………………………102
与人交往，一定要保持适度距离………………………………104
再好的朋友也不可什么话都说…………………………………106

第十章　让对方信赖你，就是社交成功的第一步 … 109

反射法则，给予信任才能收获信任 … 110
分享秘密是强化信任的好办法 … 112
换位思考，学会理解他人的难处 … 114
共情效应：找到双方兴趣的共同点 … 115
如何测出你和对方的亲密指数 … 117

第十一章　提高情商指数，借助同理心赢得友谊 … 119

满足他人的好为人师心理 … 120
让别人快速把你当自己人 … 121
多一点顺从，就会多一些人气 … 123
"自我暴露"有助于增加亲密度 … 125
人人都有虚荣心，别吝啬你的赞美 … 127

第十二章　精简社交：快速清理无效的人际关系 … 129

一定要远离"负能量"携带者 … 130
不要轻视那些"不起眼"的人 … 132
无底线奉承者，最好远离 … 134
不是每个人都值得结交 … 137
益友与损友的初步甄别术 … 140

第十三章　掌握社交技巧：良好的社交从改变思维开始 … 143

焦点效应：给对方戴上主角光环 … 144
多聊对方感兴趣的事 … 146
听懂"口头禅"里的弦外之音 … 148

暴露"弱点",是麻痹对方的绝佳手段……………………… 150

喊对"称呼",让好感度不断上升……………………………… 151

强势一分,对方的顺从就会多一分…………………………… 153

欲震慑对方,那么不妨适时表达愤怒………………………… 156

装糊涂,解除对方戒心的灵丹………………………………… 158

第十四章　学会察言观色,及时拉近双方关系……………… 161

真诚是打动人心的诀窍………………………………………… 162

他人不满时,切记态度要谦卑………………………………… 164

有了矛盾一定要及时说开……………………………………… 165

表达你的认同,化解敌对关系………………………………… 167

自曝其短,让对方主动偃旗息鼓……………………………… 169

表达强硬态度,让对方知难而退……………………………… 171

第十五章　了解社交心理,做一个高段位的社交者………… 175

首因效应:别让第一印象左右了你的判断…………………… 176

反射效应:想获得什么对待,就怎么去对人………………… 178

从众效应:不要让自己变成"异类"………………………… 180

登门槛效应:结交贵人不可操之过急………………………… 182

晕轮效应:识人最忌"以偏概全"…………………………… 185

对比效应:巧用对比触动人心………………………………… 187

第十六章　言行有礼,别因不懂社交礼仪陷入窘境………… 191

穿着打扮一定要用点"心思"………………………………… 192

眼神+笑容,帮你轻松赢得好感……………………………… 194

用肢体语言传达你的友善……………………………………… 196

善于聆听的人更能迅速赢得人心……………………………… 198

第十七章 情绪调节：人际交往必备的心理素质……………… 201

错在把简单的事情复杂化………………………………………… 202
避免与人发生无谓的冲突………………………………………… 203
群际关系左右人的情绪变化……………………………………… 205
克服"社交紧张"情绪……………………………………………… 206

第十八章 读懂微表情和肢体语言：洞悉微妙的人际情绪真相… 209

教你读懂千差万别的嘴形………………………………………… 210
读懂不经意的撇嘴动作…………………………………………… 212
点头真的代表"yes"吗…………………………………………… 213
手在耳边打转代表暗示…………………………………………… 215

第十九章 隐性逻辑：如何避开社交中的人为"陷阱"………… 219

恭维背后很可能有阴谋…………………………………………… 220
远离谈论隐私的人及各种话题…………………………………… 221
过分热情的人要小心……………………………………………… 224
莫要被人"蛊惑""挑唆"………………………………………… 226

第二十章 销售投射法则：针对客户的心理特点投其所好……… 229

巧用最后通牒效应，让客户签单………………………………… 230
适时让利，满足客户的占便宜心理……………………………… 232
站在客户的角度展开说服………………………………………… 234
巧用"沉默"给对手施压………………………………………… 236
一眼找出谈判里的"关键人物"………………………………… 238

第二十一章　职场博弈法则：没点心计，你靠什么生存……… 241

赞美是职场上的最好社交工具……………………… 242
千万不要与上司抢功劳………………………………… 244
发表不同意见最好用建议式…………………………… 246
多请教领导，容易被器重……………………………… 248
太强势的人很难搞好同事关系………………………… 250
为下属担责任，轻松赢人心…………………………… 253

第一章　精准表达，跟任何人都能聊得来

有效社交的关键是把话说到点子上

哈里·杜鲁门曾说,一个字能说明问题就别用两个字。说话要简洁,语言要精练,这样才能使听者在较短的时间里与说话者进行有效的沟通。简洁精练的话语,包含着说话者高度浓缩的思想感情、智慧和力量,它给人以明快有力之感,从而留下深刻的印象。

在我们身边,总有一些人说话啰唆、拖泥带水,让人听了心烦意乱。而那些简洁明快的语言却能引起听众的关注,增强说话的魅力。显然,简洁明快的语言背后隐藏着高超的认知能力和思维能力,一开口就能把话说到点子上。

1948年,牛津大学举办了一场名为"成功秘诀"的讲座,并请到了声名显赫的丘吉尔到场进行演讲。各大媒体得到这个消息后,提前三个月就开始对外宣传和炒作,吸引了各界人士的广泛关注。

终于,讲座举办的日子到了,来自社会各界的人员纷纷到场,一时间人山人海,把会场围得水泄不通。大家都迫不及待地想倾听丘吉尔发表精彩演讲,了解他的成功秘诀。

演说开始了,丘吉尔示意大家停止鼓掌,保持安静,然后说:"我的成功秘诀有三个:第一,绝不放弃;第二,绝不、绝不放弃;第三,绝不、绝不、绝不放弃!以上就是我的演讲。"

话音一落,丘吉尔向观众深深地鞠躬,而后走下讲台。台下的观众听完先是愣了片刻,随后爆发出热烈的掌声,整个礼堂顿时沸腾了。

丘吉尔言简意赅的演讲赢得了观众雷鸣般的掌声,因为他精辟地宣示了自己的成功之道,令人深信不疑。由此可见,说话抓住要点,切中要害,往往能够令听众感同身受,产生强烈的共鸣。

话不在多，最重要的是能够说到点子上。如果一个人滔滔不绝，却无法清楚阐明谈话的要义，没有重点，势必让听众陷入迷茫。你的讲话不知所云，又怎么能传达个人主张呢？自然也就无法令听者产生心理认同了。

若想做到要言不烦，说话时应多用短句，少用长句。短句易说易听，简洁有力，活泼明快。由于简洁有力，就可以表现激昂的情绪，坚定的意志；由于活泼明快，就可以干脆地叙事。这不为别人，更为自己。说话一定要有重点，只有把话说到点子上，才能够引起他人的注意。出色掌握说话这门艺术，将话句句说到点子上，可以从以下几个方面入手：

（1）搞清楚情况再说话。

想把话说到点子上，就要充分了解议题的基本情况，并做出正确的判断。那些未能搞清状况就大发议论的人，常常根据自己的主观印象对事物进行评价，这样无法给出公允和令人信服的观点，甚至令人讨厌。

（2）找到合适时机再说话。

把话说到点子上，就要找准时机，对症下药。倘若说话的时间和地点都是错误的，那么说得越多，错得就越离谱。因此，一定要做到善于观察，找准时机，一语中的。

（3）不说空话和套话。

假大空的话往往令人厌恶，只有那些实在话才能深入人心。因此，让每句话直指要害的关键是，绝不能讲那些空洞无物的大道理，更不能说不负责任的话。在与他人谈话时，唯有把话说到点子上，方能获得对方的认可和信服，才会有人愿意与你沟通。保持内心平静，谙熟听众心理需求，一开口就切中要害，自然句句落在听者心里，能令其产生强烈的共鸣。

沟通效果取决于你的回应

美国沟通学家罗恩·赫伯特曾说："两个人对某件事情的认知性趋同，亲和力与沟通力就会提高，而对彼此的了解也就增加了。"显然，面对他人的提问，你能给予积极的回馈，自然会让沟通更顺畅，实现良性互动。

有效的沟通就是说对方想听的，听对方想说的。双方都能主动回应，沟通的质量就会大大提升。为此，你必须用心倾听对方讲话，并对他人的信息进行有效的编码、解码，第一时间进行信息反馈。

从自己的角度看，首先要了解对方想听什么，可以通过认同、赞美、询问需求的方式实现，并以对方感兴趣的方式表达，灵活运用说话的艺术。采用恰当的说话方式，可以吸引听众的注意力，充分展示自己的意图。

反过来说，如何做一个合格的倾听者呢？善于倾听的人，不是三缄其口，而是当对方畅谈自己的想法时，懂得以眼神交流，用肢体语言做出回应，让对方感受到你的热情与兴趣。显然，积极的回应能够鼓励对方继续说下去。适时点头、微笑，都会提升沟通的效果，让彼此的交流变得和谐、畅快。

在一家著名酒店，一位客人用完餐之后悄悄地将精美的筷子装入了西装的口袋。这一举动，恰巧被旁边的服务生看到了。

这位服务生没有大动干戈，而是不动声色地走到客人面前，将一个装有筷子的精致小盒子递过去，微笑着说："先生，您好！我发现您在用餐过程中，对酒店的餐具爱不释手，可以看出您非常喜爱这套餐具。经主管批准，我代表餐厅将这双图案精美、做工精细的筷子以'优惠价格'算在餐费中，如何？"

客人当然明白服务生的真正意思，立即笑着说："非常感谢餐厅如此用心，刚才的用餐过程很愉快，因为多喝了点酒，竟然不小心误将筷子放入口袋了。"

随即，客人取出餐具，并顺着服务生的话题说："既然你将这双消过毒的筷子给我，我就'以旧换新'吧！"然后，他接过服务生递过来的精美盒子，很有风度地结账离开了。

服务生机智巧妙地与客人沟通，既维护了客人的颜面，又保护了餐厅的利益，取得了双赢。面对客人不检点的行为，服务生巧妙回应，瞬间化解了尴尬局面，显示出高超的沟通技巧。

在谈到说话的艺术时，美国作家爱默生写道："让人倾听是一种权利，是说服、强迫、传达，就是消除别人心中原本的念头，并使之接受你的意念。"诚然，每个人都有让人倾听的权利，但是让别人信服与遵从，则依赖于高超的说话技巧与回话艺术。

有人片面地认为，沟通只是信息的交流。实际上，有效的沟通更注重思想和情感的交流。你要给予对方应有的尊重，维护对方的面子，从而获得对方的认可。有了这一前提，双方才能在充分理解的基础上达成默契，避免产生不必要的误解与冲突。

说对方想听的，以对方感兴趣的方式说，是沟通的一个重要原则。沟通中，细致入微地观察，抓住对方的心理，是十分必要的。用"心"去沟通，才能收到有效的回应。

说话时，一定要注意对方的反应

生活中永远都不缺少秀"优越感"的人，他们自诩高人一等，对别人的事以自我为中心发表各种看法。虽然这些人说得头头是道，但人缘却并不好，因为他们从来都没注意过听者的反应，也从没有考虑过听者的感受。

心理学家经过长期研究发现，在日常对话中，当一个人的言语太过强势时，听者往往会处于一种内心压抑的状态，这种压抑会令人不舒服。为了摆脱这种不舒适，听者自然会选择逃避，远离言语强势的人。

"你这么干根本行不通""好好的工作你为什么非要辞职"……你身边是否有喜欢这样说话的朋友？沟通的双方地位是平等的，如果说话者总是摆出一副高高在上的姿态去训斥别人，丝毫不顾及听者的感受，那么你必然会没朋友。

小A参加高中同学聚会时，吃惊地发现同班同学D竟然也嫁到了成都，更巧的是两人竟然住在同一个小区。由于两个人住得非常近，周末小A就特地约了D一起逛街。

两个人见面都非常高兴，一边逛街一边聊天。D十分热情地说："真没想到你居然也嫁到了成都，你老公是做什么的？"关于自己的家庭私事，小A其实并不是很愿意和别人谈，但碍于D的热情，只好敷衍地回答："他在钢铁行业工作。"

小A本想让这个话题赶快过去，谁知道D却十分强势地紧接着说："现在房地产行业都在走下坡路了，钢铁行业也越来越不景气，我和你说，我老公以前也是钢铁行业的，看情况不好，很果断地跳到了互联网。你得和你老公说说，现在钢铁行业哪还能干啊……"

尽管D是一片好心，但说出的话过于强势，而且在说之前，根本没注意到小A已经脸色不善了，还自顾自地讲着必须趁早从钢铁行业抽身的各种理由，而且一边说一边像长辈一样叮嘱"我说的话你一定要往心里去哈，肯定不会害你的"。

碍于同学情面，小A也不好发作，不过从此以后小A再也没和D一起逛过街。当其他同学问及原因时，小A有些苦恼地说："D实在是太爱管闲事了，而且不管别人高兴不高兴，她自己说得很高兴，但我已经在爆发边缘了，又不好发作，简直太受伤了，所以还是不要和她一起逛街比较好。"

强势沟通是一种攻击,如果不是在谈判桌上,那么在与他人说话时,请收起你的"强硬",在说话之余,多观察一下听者的反应。

如果听者面露愉悦,说明你的话题正好是他感兴趣的,说话方式也不令人反感。如果看到听者有紧皱眉头、眼神左闪右避、动来动去等不耐烦的表现,那么请立即结束现在正在谈论的话题,很明显,你所谈论的话题是对方不想听也不愿听的。

在与他人谈话之前,我们要先明确双方的关系,是上下级、普通朋友、事业伙伴,还是点头之交、客户,并根据双方关系确定说话时应当表露多少"友善"成分。如果是重要客户、老板、领导,那么说话时就要格外注意对方的反应;如果是非常熟悉的家人、好朋友,则对听者反应的关注度可以适当少一些。

说话不知轻重,只会让你的人际关系更糟糕

沟通是面对面的交流,需要考虑对方的感受和诉求,应掌握好火候与分寸。说话不知天高地厚,听起来令人不舒服,只会让你的人际关系越来越糟。

大多数人都能说一两个笑话,开一两句玩笑,但是这些笑话、玩笑是否得体、是否合适就很难说了。一些人把粗俗的笑话或荤段子当作幽默,这就大错特错了。真正会说话的人追求雅而不俗、简而不繁,绝不说粗俗的言辞。

一位新上任的局长宴请老局长,感谢对方工作上的帮助。酒过三巡,菜过五味,新局长有些飘飘然了。服务员端来一盘炸田鸡,老局长用筷子点了点这盘菜说:"田鸡吃害虫,对农民是有益的,以后还是不要吃了。"

有些迷糊的新局长有心卖弄一番,不假思索地说道:"没关系,这些都是老田鸡,已经'退居二线'了,不碍事。"说者无心,听者有意,

老局长一听这话，当时脸色就变了。新局长看到老局长脸色沉了下去，知道自己说错话了，不知道如何是好。

一句玩笑话原本无伤大雅，问题是新局长选错了场合，结果引起了老局长的误会，让原本愉快的宴会陷入了尴尬。很多人不懂如何得体、适度地表达内心的想法，说话过于随意，令人难以接受。

实现良性沟通并不难，关键是把握说话的尺度。很多人在说话时会给人一种用力过度的感觉，或者只是简单模仿他人，再掺杂一些表演的成分，似乎只是为了讲话而讲话。根本原因在于，他们从一开始就没想清楚要达到什么样的沟通效果。

早年，画家张大千要从上海迁回四川老家，上海的艺术家们为他饯行。在首座这个问题上大家产生了分歧，大家认为此次是为张大千送行，张大千自然应该坐首座，但是张大千却不同意。推来让去，张大千忽然说道："首座这个位子应该让梅兰芳先生来坐，因为他是君子，我是小人，应该在末座相陪。"

此言一出，众宾客面面相觑，不解其意。看到大家发愣，张大千笑着说："有句话说'君子动口，小人动手'，梅先生是唱戏的，动口，我是作画的，动手。所以应该梅先生坐首座。"一席话不仅让在场的宾客大笑不止，也让众人领略了张大千淡薄世俗功名的豁达心胸。

如何让沟通得体而适度？最重要的是做到以下几点：首先认清自己的身份，说出的每一句话一定要切合社会地位、职业等；其次要明确立场，明白什么话应该说，什么话不应该说；再次要把握适度原则，也就是拿捏好分寸。

会沟通的人说的每句话，都像一杯香浓的咖啡，除了醇香扑鼻，还能提神醒脑。但是即便如此，饮用的时候也要把握好度。得体的言辞在任何人听来都是一种享受，不但准确传递了信息，还透露出浓厚的人情味。

引发心理认同感，与对方惺惺相惜

与陌生人交谈是社交中的一大难题，处理得好，双方可以一见如故、相见恨晚；处理得不好，双方只能四目相对、局促无言。

从心理学角度来看，共同的兴趣爱好能将人拧在一起，共同的目标和志向能使人走到一块儿。在与陌生人交谈的时候，能不能让对方产生一见如故的感觉，关键就在于能否找到与对方的相同之处并引发其心理认同感。

对于不易说服的人，最好的办法就是设身处地为对方着想，体会对方的情绪和想法，理解对方的立场和感受，与对方惺惺相惜。只有这样，才能了解对方的心理，并迅速与其建立友谊。

某保险公司的陈小姐通过电话预约到刘先生家对其进行访问。她一进门，便开门见山说明来意："刘先生，我这次来是想让您买一份保险。"

没想到，刘先生张口便说："保险是骗人的勾当！"

陈小姐听了有点儿吃惊，却没有生气，她微笑着说："噢，这我还是第一次听说，您能给我讲讲吗？"

刘先生说："假如我投保4000元，这4000元现在还可以买一台不错的电脑，而20年后领回的4000元，恐怕连一台彩色电视机都买不了。"

陈小姐好奇地问："那是为什么呢？"

刘先生答道："如果遇上通货膨胀，物价上涨，货币就会贬值，钱就不经花了。"

陈小姐又问："那您认为，20年后一定会出现通货膨胀吗？"

刘先生思索片刻说："不好说，但从最近两年的情形来看，有这种可能。"

陈小姐再问："还有其他因素吗？"

刘先生支吾了一下说："比如受国际市场的影响……"

通过以上问话，陈小姐对刘先生的顾虑已基本了解，她开始认同刘先生的观点："您的见解有一定的道理。假如物价连续上涨20年，4000元不要说买彩色电视机，恐怕只够买两棵大白菜了。"

刘先生听到这里，心里很高兴，但接下来，陈小姐给刘先生解释了影响当前物价的因素，分析了我国现在不会发生严重通货膨胀的理由，并指出以刘先生的才能和实力，收入可望大幅度提高。

陈小姐又补充道："即使物价有稍许上升，有保险总比没有好。况且我们公司早已考虑了这些因素，顾客的保险金是有利息的。当然，我这么年轻在您面前讲这些，实在是有点班门弄斧，还望您多多指教……"说也奇怪，经她这么一说，李先生面带笑容，并最终投保。

陈小姐推销成功的秘诀就在于，她能够站在对方的立场上来思考问题，发现对方的兴趣、要求，而后再进行引导，动之以情、晓之以理，引发对方的心理认同感，使对方产生惺惺相惜的感觉。

美国汽车大王福特曾说：假如有什么成功秘诀的话，那就是设身处地替别人着想，了解别人的态度和观点。因为这样不但能得到对方的理解，而且能更为清楚地了解对方的所思所想及其"要害"，可以让自己在沟通中做到有的放矢。

要想做到这一点，需要我们在与人谈话时，随时观察对方的脸部表情、态度，以确定"对方对这个话题是否感兴趣""我说这些话是否会引起对方不愉快"……只有站在对方的立场上，引发其心理认同感，才能与之惺惺相惜，才能使对方欣然接受我们的观点，与我们建立信赖关系。那么，如何才能引发对方的心理认同感呢？

（1）如果我是你，我也会这样做。

当对方说出自己的决定时，我们应该强调对方这种做法的合情合理性，了解对方现在的心理矛盾，以感同身受影响其心理，巧妙地说服对方。

（2）您的话有一定道理……

当对方表露出与自己全然不同的想法时，你应该以认同的口吻说：

"您的话有一定道理……"强化对方想法的正确性，从对方的角度，再进行积极引导，从而达到影响其心理的目的。

（3）同是天涯沦落人。

相同的经历会有相同的感受，有相同的感受自然会惺惺相惜，我们要巧妙地利用同理心，以此引发对方的心理认同感。比如："你以前在广东工作过？我早些年也在广东工作过。""咱们女人真是不容易，既要照顾家庭，又要照顾孩子。"

（4）咱们都是一家人……

仔细观察对方，你总能找到与其相似之处，然后传递出"咱们都是一家人……"这样的信息，通过同理心来影响对方。比如："刘姐，您是河北人啊？太巧了，我也是河北人。"

这些话千万不要轻易说出口

言为心声，嘴巴是心灵的大门。不合时宜的话说多了，会招人厌烦，甚至伤害他人。对那些手握权柄的人来说，说话更要慎重，正所谓"一言可以兴邦，一言可以丧国"。

形容一个人口无遮拦，人们会说"嘴上缺个把门的"。并非任何一句话都要说出口，有些话说出来不如咽下去。善于沟通的人深知其中的厉害，该说的说，不该说的一定不说。在纷繁复杂的世界里，为人处处谨慎、事事小心，于人于己都大有裨益。

主管召集五个团队成员开会。约定的时间到了，只来了三个人。主管叹了一口气，说道："唉，该来的没有来！"有个人听了这话觉得很不自在，心想："莫非我是那个不该来的人？"他不禁摇摇头，悄悄地走了。

主管看到又少了一个人，又叹道："唉，不该走的走了！"剩下的两个人听主管这么说，误认为自己应该离开，于是一气之下也走了。结果，只剩下了主管一人。

因为说话不妥当，主管非但没有顺利召开会议，还得罪了人，让前来报道的人也离开了，而这一切原非他的本意。

说话是一门艺术，有时候一句话能让人笑，一句话也能让人哭。所以沟通的时候要明白哪些话能说，哪些话不能说，要管好自己的嘴巴，不要因为说错了话影响良好的人际关系。

一个成熟的人懂得约束自己的嘴巴，他们说话分场合、看对象，说出来的话永远那么得体、优雅，让人听着舒服。不过也有人说话不过脑子，该说的不该说的一股脑儿全倒出来，结果给自己带来诸多麻烦，搞得大家都避之唯恐不及。

（1）伤人的话不要说。

每个人内心都有柔软的地方，都有最看重的人和事。如果你无视这些东西，在沟通中口无遮拦，就很可能会出口伤人，引起他人的强烈愤慨。有时候，某些话会伤害对方，或者令对方反感，应该努力克制自己，别轻易把话说出口。也许，你是出于好意才这么说，甚至是为了维护对方的利益，但是提前评估对方的接受程度，以及可能做出的反应，很有必要。

（2）捕风捉影的话不要说。

无论做什么都要有真凭实据，如果你的话捕风捉影，纯属无稽之谈，那是很危险的。尤其是涉及他人隐私的时候，更不能信口开河，胡编乱造。你说的每句话都有可能传到他人耳朵里，甚至添油加醋，与最初的描述大相径庭。因此，有些话不说更好，说出来反而招致不必要的麻烦。至于捕风捉影的话，绝对不要随意说出口。

（3）违纪泄密的话不要说。

在任何一个组织内部，都有特定的秘密，涉及错综复杂的人际关系与利益纠葛，甚至关系到公共安全。对于这些秘密内容，每个人都要守口如瓶，不可泄露，否则难免会惹来麻烦。善于沟通的人懂大局，知晓利害，所以说话办事能够从长远考虑。明知某些话说出来不适合，却管不住嘴巴，这是缺乏自控力的表现。说出去的话就像泼出去的水，收不回来，因此，只有控制好内心，多余的话不说出口，才能在沟通中完美收场。

会说圆场话，不做冷场王

所谓"冷场"是指在交谈、聚会或议事、谈判过程中由于忘词、误场、不感兴趣等原因造成的无法接词的现象，这是社交中最令人窘迫和忌讳的现象。

人们在交谈时通常会选择一个话题作为谈话的开始，然后大家围绕这一话题发表各自的见解和看法，之后再转向下一个话题。话题选择合适，谈话便能顺畅地进行下去；话题不合时宜，无法吸引大家的兴趣，交谈便无法进行，这便是冷场。

出现冷场局面后，如何再将氛围活跃起来很重要，同时这也是谈话达人的一项基本沟通能力。

湖南卫视著名主持人汪涵就是一个很会圆场的人。有一次，汪涵作为一个选美节目的主持人，在现场遇到了冷场的局面。

一位湖南老乡参加节目时被要求用湖南话夸赞一下汪涵，但是由于太紧张，这位选手用纯正的普通话说："你很帅，非常帅！太帅了！"结果台下观众齐刷刷地望向汪涵，出现了令人尴尬的冷场局面。

"虽然说的不是湖南话，但是我还是特别开心，因为大家都听懂了。"汪涵凭借这样一句话将冷场打破，使现场氛围又活跃起来了。

在一次同学聚会上，小张也采用了很巧妙的方法为自己圆了场。

小张与小李曾是同桌，两人关系很好，因而说话便少了一些禁忌。聚会的餐桌上，小张在玩笑中总是提到小李的丈夫，小李却一直沉默，没有理睬，场面无比尴尬。

就在这时，一位知情的同学附耳偷偷告诉小张："小李的丈夫前不久去世了！"得知此事，小张顿感自责，马上想办法补救，他先抽了自己一巴掌，然后略带自嘲地调侃道："看我这嘴，20年过去了，还和当学生时一样没把门，胡说八道，欠抽，实在欠抽！"

小李听后，虽然心里不高兴，但还是原谅了小张的唐突，笑着说："不知者不为过，事情已经过去了，我们聊点其他的吧！"

汪涵采取巧妙的解释进行圆场，小张则急中生智，运用自我调侃、低调退出的方法为自己找了一个台阶下，巧妙地使聚会得以顺利进行下去。

那么，我们怎么才能说好圆场话，而不做那个冷场王呢？下面是一些常用技巧。

（1）调侃自嘲，转换话题。

如果是因为自己的失误造成冷场的局面，最好的办法就是多调侃，少掩饰，多自嘲，少自负，低调退出，为自己找台阶下，然后巧妙地转换到另一个话题，在尴尬中迅速调整自己，变被动为主动。

（2）迎合多数，激发兴趣。

在谈话中介绍大家感兴趣并有可能发表看法的话题，吸引大家的注意力，并就地取材，引出新的话题，激发大家重新开口的兴致。不过，在提出话题前，一定要对他人的兴趣爱好有一定的了解。

（3）幽默化解冷场。

冷场局面出现并不可怕，关键是如何应对。我们可以用幽默摆脱冷场，必要时以自己为例，"幽自己"即自黑，使大家感到轻松、愉悦。幽默是交际过程中的润滑油，几句幽默的话便能使双方在笑声中相互谅解。

（4）耐心等待，察言观色。

假如在交谈过程中你的话题被打断怎么办？没关系，我们可以耐心等待，这种中断是正常的，等对方说完，我们仍然可以继续原来的话题。假如谈话双方对彼此比较陌生，为了避免冷场，就要学会察言观色，寻求共同话题，进行"暖场"大讨论。

（5）自我反省，赞美他人。

如果冷场是由于自己太自以为是或别的缺点令对方无可奈何导致的，则要进行自我反思、自我批评，并对对方的优点进行适度的赞美和欣赏，这样可以避免对方对自己反感。

谈话中懂得以"让"为"争"

在中国的传统文化里，道家提倡"不争"，主张顺应自然。老子提出了"夫唯不争，故天下莫能与之争"的观点。表面看起来，这些话是在劝诫人们"不争"，而目的却是"天下莫能与之争"的功成名就。

老子所说的"不争"，实质仍然是"争"，是一种委曲求全、以退为进的竞争策略。有关这种智慧的高超之处，可以用象棋博弈来理解。

众所周知，象棋有两种颜色，一种是红色，一种是黑色，往往下棋的两个人会不约而同都去拿黑色的棋子，没有人去拿红色的。于是，外国人说："你们中国人搞什么？下象棋都去枪黑子，其实红子更好看。"对此，中国人回答："我没有抢黑子，而是把红子让给对方，我一直在让，没有争抢。"

具体到谈话中，会沟通的人不会抢话说，总是主动谦让，让对方先说。其实，自己先用心听，说话时才有的放矢，反而能掌握谈话的主动权。用"让"来"争"，既能够不被对方牵着鼻子走，又保持了谦卑的姿态，确实是高明之举。

比如，在团队沟通中，高明的领导会让下属充分表现，把内心的想法、诉求呈现出来，而不是上来就大声呵斥，一副唯我独尊的样子。下属把诉求说完了，也就平静下来了，这时候领导再做总结性发言，就能轻松掌控局面，达到预期的管理目标。

擅长聊天的人不会抢话，因为他们知道聊天本身不是目的，互通信息有无才是关键，他们享受的是沟通的过程。既说好每句话，又耐心听对方倾诉，这才是高明的沟通之术。

许多时候，谈话与解决各种事务同时进行，因此，交谈中以"让"为"争"，恰恰是处理各种关系的需要。在现实世界里，竞争的复杂性、残酷程度远远超出人们的想象，如果上来就硬碰硬，那么很容易碰壁，甚至身败名裂。在错综复杂的关系中，能够以"让"为"争"，才能左右逢源，妥善应对各种局面。

（1）掌握以退为进的沟通法则。

与人对话要善于以退为进，懂得谦让。人与人之间没有不可调和的矛盾，沟通过程就是化解误会、弥合分歧的过程，因此谈话的时候不可争执，不必抢话。你懂得尊重他人，给予他人面子，他人自然投桃报李，也对你礼让几分。

（2）谦让彰显你的个人魅力。

会沟通的人懂得维护大局，他们身上有一股无形的魅力在吸引人，令人折服。交谈中，懂得包容对方，适时谦让，往往能感化他人，使对方臣服，达到"不争"却仍能赢得认同与合作的目标，这是沟通的大智慧。

第二章 修人缘
让自己成为最受欢迎的人

平等原则：唯有"平等"才能产生友谊

俄国作家冈察洛夫曾说："友谊既不需要奴隶，也不允许有统治者，友谊最喜欢平等。"古往今来，平等一直为各阶级各民族各国家的人们向往追求，虽然绝对的平等很难达到，但人活在世上，是很难离开平等这个字眼的。在我们日常的交往中，平等同样非常重要。就如冈察洛夫所言，平等是建立真正友谊的重要基础。

如果两个人在交往当中，一个人盛气凌人、高高在上，一个人卑微不敢多言，这种交往更像是上级对下级的指使，如此不平等的关系是很难产生友谊的。因此，要想建立纯粹真挚的友谊，最重要的是建立平等的关系。

马克思和恩格斯的革命友谊是最为人津津乐道的伟大友谊。

1844年，马克思正处于长期流亡的艰苦生活中，背井离乡，常常靠典当度日，有时竟然连买邮票的钱都没有。而恩格斯出身纺织厂主家庭，无论社会地位还是经济条件都要优于当时的马克思，但共同的革命信仰使两人惺惺相惜。恩格斯为了支持马克思的革命研究，宁愿继续从事自己厌恶的商业，源源不断地给马克思提供经济支援，马克思为英文报纸工作，因为不精通英文，恩格斯便常常为其代写。在他们的交往中，两人从未因为不同的身份地位和外在条件而产生隔阂，他们在多年相处中一直彼此尊重、相互关怀，维持了长达40余年的伟大友谊。

友谊的基础是平等，怎样才能做到平等相处呢？

心态上的公平以待才是真正的平等。如果骄傲和高人一等的心理仍存在于意识中，那么人与人是无法发展真挚友谊的。所以，做到平等的第一步，也是最重要的一点，就是在心中放下偏见，曾经骄傲的人不再骄傲，曾经自卑的人不再自卑，在平等的交流中友情才会日渐深厚。

这样的例子在现实生活中也并不少见：

老郑曾经是一位成功的房地产开发商，一次投资失败，使他的公司损失了几乎全部资产，危难时刻，昔日的生意伙伴也纷纷抛弃曾经的"酒肉情谊"，除了避而远之就是催促还债。一夜之间，曾经的富商流落到城市边缘的穷街破巷中蜗居，在一个被房东追讨房租赶出出租屋的雨天，偶遇了下雨没有出工的建筑工人大刘。

大刘听了老郑的经历，不禁安慰起他来，并热心地收留了他。

老郑感激之余有更多感慨。作为房地产商，虽然他和大刘一样盖的是房子，但他的眼中只有利益和商场争斗，对底层工地的状况并不了解，更是不把这些外地农村的工人放在眼里，曾经在他眼中的挣钱工具，如今却是唯一肯收留他的恩人，如此想来，老郑悔不当初。

与大刘相处的日子，他了解到，大刘年少时曾考上大学，但由于家中条件艰苦，不能负担起学费，他便不得不放弃学业进城打工，但因为天性乐观善良，在工地上，他和其他工人都相处得很好，大家相互照顾，努力赚钱，生活得也算有滋有味。

大刘常常劝老郑，虽然人生在世不如意十之八九，但不能因此丧失了奋斗的信心。在这段生活中，老郑认识了一个全新的世界，体味到了一种从未感受过的真情。

老郑与大刘相处了两年，并在他的鼓励和帮助下做了一些小买卖，挣了一些钱后便重新开始。经过多年打拼之后，再次成功的老郑又成了高高在上的老板，除了拥有财富他还多了一位真正的朋友和工作伙伴——大刘。

这个故事为我们阐明了平等能成就友谊的原因：落难的富豪和工地的苦力在人生境遇中相遇相知，富豪失去曾经骄傲的资本，放下身段去接受贫苦工人的关心和帮助，工人放下对有钱人的偏见，用善良和同情之心接纳和照顾落难的富人。特殊的境遇，使双方都在心态上改变了，心理上平等了，患难中结成了比金子更珍贵的友谊。

朋友之间除了心态观念上的平等，在言语行为中更应该平等相待。不随意否定对方的观点，不一味把自己的想法强加给对方，不出言不逊……真正的朋友能坦诚相见，更能相互体贴。可以谈笑风生，也能争论过后一笑释然，因为彼此明白对方并无偏薄，不带恶意，而这些珍贵的信任都是以平等相待为基础的。

也许朋友双方的身份地位有一定差异，但消除内心深处不平等的观念才是促成情谊的第一步。社会地位高的一方不要倚势生骄，地位在下的人也不能妄自菲薄，两者互相尊重，平等相处，才能更好地令双方打开心扉，畅聊无阻。

互惠原则：双赢胜过自己单方受益

国外的一位著名心理学家曾做过这样一个实验：他在一群素不相识的人中随机选出一些人，给这些人寄去了圣诞卡片。不久之后，大部分收到卡片的人都给他寄回一张卡片以示感谢。而这些人与这位心理学家并不认识。

虽然这位心理学家想到了会有一些回音，但这个结果却是出乎他意料的。给他回赠卡片的人，应该没有去打听过这个给他寄卡片的陌生人到底是谁。收到卡片后，他们本能地自动回赠了一张。也许他们在想，可能自己忘了这个人是谁了，或是这个人记错地址或名字了……不管怎样，自己不能欠人家的人情，回寄一张，总是没有错的。

这个实验证明了互惠原则的作用。当从别人那里得到好处时，我们总是在想着能尽快地回报对方。如果一个朋友帮了我们一个忙，我们也会在他需要帮助时帮助他，或者他不需要帮助，我们便会送给他礼品以示感谢，或请他吃顿饭。如果有人记住了我们的生日，并给我们送上了生日礼物，那么，我们也会在他生日时送上礼物。这种互惠互利便达到了双赢，而这种双赢永远好过自己单方受益。

中国古代讲究礼尚往来，便是互惠定律的表现，其发展到今日，似乎已经成了人类行为中一种不成文的规则。

在中国如此，在国外也是如此。

在社会交往中，朋友间维护友谊需要互惠原则，在爱情中，男女双方的付出也需要互惠原则，世界上没有绝对无私奉献的爱情，爱情也是讲求互惠互利的，双方需要保持一种利益的平衡，如果这种平衡被打破尤其是被严重打破，便会导致恋爱关系的破裂。

人与人之间的交往，就像坐跷跷板一样，要高低交替，不能永远固定某一端低，某一端高。一个永远不肯吃亏、不肯让步的人，即使得到了好处，也是暂时性的，只想得到不想付出的人迟早要被别人讨厌和疏远。

分享原则：不要一个人吃"独食"

有这样一个故事：

树上落着一只乌鸦，这只乌鸦的嘴里衔着一大块肥肉，这块肉是它找到的，它绝对不会把肉分给其他的乌鸦。但是，许多追踪这只"富有者"的乌鸦成群飞来，它们已经追了很长时间，不得不落在树上歇息。那只嘴里衔着肉的乌鸦也累了，它吃力地喘息着。这么一大块肥肉不可能一下子吞下去，但如果它落在地上，啄碎再吃，周围的同伴们便会猛扑过来和它争抢。所以，它只好停在那儿，保卫嘴里的那块肉。

突然，一不小心，肉从这只乌鸦嘴里掉了下去。所有的乌鸦都猛扑到地上，一只机灵的乌鸦在这场混战中抢到了那块肉，展翅飞走了，其余的乌鸦紧随其后……就这样，追来追去，大家谁也没有吃到这块肉，中途掉到地上时被一只狼叼走了。

这些乌鸦都想吃独食，它们不懂得分享，而结果是，它们都没有享受到那块肥肉。分享与吃独食是相对立的，而后者常被视为自私自利的表现。当一个人主动与别人分享本属于自己独有的一份东西时，常常会赢得别人的好感，从而为进一步交往打下基础，而那些只习惯于吃独食的人则是很难与人相处共事的。

分享，是一种境界，一种智慧，是与人方便，自己方便。分享一定会得到回报，当然，这种回报，有时候是我们看得见的，有时候则是我们看不见的，看得见的回报自然好，看不见的回报也是一种精神上的财产。

"献花者，手留余香。"托尔斯泰曾说："神奇的爱，使数学法则失去了平衡：两个人分担一个痛苦，只有一个痛苦；而两个人共享一个幸福，却有两个幸福。"

小虎、小明、小刚年龄相仿，都住在一个院子里。

有一天，小刚去找小明玩儿，看见小明在一辆高级的遥控赛车面前发呆，便好奇地上去询问："小明，怎么了？你有一辆高级遥控赛车，不如咱们一起玩吧？"

小明抬头看看小刚，又低头看了看自己的赛车，噘着嘴说："唉，我害怕你把它玩坏了，这可是我爸爸刚给我买的生日礼物！"

小刚摇了摇头，觉得很无趣，便自己一个人玩了起来。这时，小虎迎面跑了过来，他的脸上洋溢着兴奋的表情。

"嘿，小虎，发生了什么事，怎么这么高兴？"

小虎朝小刚眨了眨眼："刚才我和哥哥做游戏，他在前面的沙堆里埋了几枚硬币，我正准备去把它们挖出来呢！"

说着，小虎飞快地跑向沙坑，小刚则羡慕地朝着小虎跑的方向看去。小虎停了下来，朝他喊道："还愣着干什么？去找几个伙伴一起来挖吧！"

小刚正发愁找不到伴玩，听他这么一说，马上找来了三个伙伴，这下可好，大家热火朝天地挖了将近一个中午。功夫不负有心人，终于，沙坑里出现了几枚闪闪发光的硬币。

"我们挖到'金子'啦！我们挖到'金子'啦！"小刚和小伙伴们欢呼起来。

小虎把硬币捡起来，一共有两元钱，便递给小刚说："去给每个人买一支五角的雪糕，我就不用吃了！"

说完，小虎还故意摸了摸自己的肚皮，像是他刚吃过的样子。

来到小卖店，小刚买了四支雪糕，因为大家都是老顾客，老板又赠送了一支，这样，五个小伙伴都吃上了雪糕，他们觉着像是吃了蜜一样甜。

《诗经》里有这样一首诗："呦呦鹿鸣，食野之苹。我有嘉宾，鼓瑟吹笙。吹笙鼓簧，承筐是将。人之好我，示我周行。"意思是说，鹿一旦发现一处水草丰美的地方，就会高声呼叫同伴，来一起分享上天所赐的美宴。我们如果能像鹿一样学会分享，心胸便又宽大几分。

分享是做人的一种精神，是帮助别人释放自我的最好方式。雨天时，当你看到有人没打伞而被淋湿，你会去跟他分享一把雨伞吗？午餐时，你的同事因忙于工作没有吃饭，你会跟他分享你带的便当吗？还有，在你快乐的时候，你会跟你的朋友们分享你的愉悦心情吗？

在澳大利亚的一本有关交通法规的书上，第一条是交通部部长给初学驾驶的人的忠告："学习交通规则的本质是懂得和别人分享道路。"道路需要和大家分享，生活更应该彼此分享，分享糖果、分享玩具、分享快乐……你会觉得这些东西更有价值，更值得你去拥有。

你如果感到痛苦，可以把心事说给别人听，这样你会感觉这份痛苦少了一半，事情也不会向你想象的那么糟糕了。快乐需要分享，痛苦也可以分享。分享快乐，快乐加倍；分享痛苦，痛苦减半。

回报原则：滴水之恩必要以涌泉相报

中国人信奉"善有善报"，所以教育人要感恩，有"受人滴水之恩，当以涌泉相报"的古训，这方面的经典例子莫过于"结草衔环"的典故。

结草与衔环的典故出自《左传》，都是古代报恩的传说。

结草讲的是一个士大夫在他的父亲死后，不但没有让父亲的爱妾为父亲殉葬，还同意其另行嫁人。爱妾已经死去的父亲为了替女儿报恩，在士大夫要遭遇不测时，将地上的野草缠成乱结，绊倒了士大夫的敌手，救了恩人一命。衔环讲的是一个孩子挽救了一只受困黄雀的性命，为了报恩，黄雀衔来四枚白环，以保恩人世代子孙身居高位，为政清廉。后来，有人将这两个典故合成一句，比喻受人恩惠，定当厚报。

当你遇到困难有人帮助你时，你一定要在对方危难时去报答他。这便是"受人滴水之恩，当以涌泉相报"。

诸葛亮用一生来回报刘备当初三顾茅庐的赏识；李密用孝心来回报母亲的养育之恩，用忠心来回报君王的栽培与信任之恩；贝多芬则用音乐来回报父亲的鼓励与支持……每个人都在回报，每个人都怀着一颗感恩的心来回报曾经帮助过我们的人。

郝武德·凯礼读大学时家里很穷，为了能支付学费，他挨家挨户地去推销货品。

一天，当郝武德把最后一件货品卖掉后，天已经很晚了，这时候，他发现自己的肚子很饿，但他的口袋里却只剩下一枚硬币。他在大街上漫无目的地徘徊着，终于，他鼓起勇气，敲响了一户人家的门，准备讨点饭吃。

开门的是一位年轻貌美的女孩儿，看到女孩的一刹那，郝武德竟失去了讨饭的勇气，他只要求能喝上一杯水。

女孩儿看出了郝武德正饥饿难耐，便默不作声地走进厨房，端出一大杯鲜奶来。

郝武德不慌不忙地将鲜奶喝下，然后问道："我应付您多少钱？"

女孩儿笑着说："你不欠我一分钱。不要因为做善事要求回报，这是母亲经常告诉我们的。"

怀着感恩的心，郝武德向女孩儿深深地鞠了一躬，当他离开时，不但觉得自己不再饥饿了，而且对人生的信心也增强了。本来，他已经陷入了绝望，正准备放弃人生。

很多年后，那个年轻女孩儿病情危急，家人将她送进大都市，请来郝武德·凯礼医生来为她诊断。郝武德一眼便认出了这个女孩，他立刻回到诊断室，下定决心一定要尽最大的努力来挽救她的生命。经过漫长的救治之后，郝武德终于让她起死回生，并战胜了病魔。

后来，当账单被送到女孩手中时，她不敢打开账单，账单上的医药费可能是她一辈子都还不清的。但最后她还是打开了，只见账单边缘上写着一行字，比上面的医药费更能引起她的注意："一杯鲜奶已足以付清全部的医药费！签署人：郝武德·凯礼医生。"

正是因为受到了一杯鲜奶的恩情，才使后来的郝武德替恩人偿还了高额的医药费。

常言说："知恩不报非君子。"受他人恩惠不想回报是不道德的，所以，古人不但"受人滴水之恩，当以涌泉相报"，还"投桃报李""爱人者人恒爱之"……这些都是万古流传的佳话。所以，受别人施恩者应自觉寻找机会去回报给你恩惠的人。

如果你求别人办事，而没有及时地回报，下一次再有求于人，就会显得不太自然，人家也会怀疑你是否感激他对你的付出。所以，及时地回报，可以表明自己是知恩图报的人，进而有利于朋友间相互的继续交往。

心里常存感恩之心的人，待人处事自然怀有一种友善的态度，品行方正，心胸宽广，在他们的脸上，常常会出现灿烂的笑容，语言也让人更容易接受和感应。当然，在关系很亲密的朋友之间，不一定要马上回报，那样的话，只会显得情分生疏。但也不等于不回报，只是时间可能拖得长一些，或等到机会再回报。

施恩也是一种"给予"的行为，若给予的后果无相对的回应，那么，给予的行为将越来越少，甚至绝迹。而如果一个人向别人表达尊重、理解和关心时，能马上获得良好的反应，那样，他一定会继续做同样的行为。

低调原则：地低成海，得意之时不可张扬

古语有云："地低成海，人低成王。"商界巨贾李嘉诚曾这样训诫过儿子："树大招风，低调做人。"其实，从古至今，低调一直是人们推崇恪守的准则，越是功成名就之人，越是信奉低调做人、谦和处事的原则。因为他们懂得，低调是一种深藏智慧的人生哲理。

当今社会，主张个性张扬、追求自我，尤其是一些年轻人，他们一身锐气、锋芒毕露，有些小成就便四处宣扬标榜，总希望能够一鸣惊人，脱颖而出。但事实是，不知收敛、太露锋芒往往会招致别人的嫉妒甚至反感，行为高调往往对我们建立良好人际关系非常不利。

现实生活中有些人，他们往往遇事不先言、不多语，平时表现得谦虚随和、从容低调，但特殊时刻却往往能展现出令人敬佩的能力与智慧。他们是真正有大智慧的人，在岁月中沉淀了成熟与睿智，懂得低调处事，随和待人。真正有智慧的人不是四处张扬自己成就的人，而是低调为人、默默努力的人。低调是一种涵养，是一种容纳四海的气魄，低调的人往往是超脱不凡的人，也是最后的强者。

华人首富李嘉诚，多年来一直以低调作为人生信条，为人处世从不张扬奢华。

多年来，李嘉诚总是戴着同一副黑框眼镜，同一块手表。镜头前的他，也总是穿不变的黑蓝西装和白色衬衫，他从不追求奢华名牌，只穿适合自己的简单服饰。比起炫耀财富和成就，他更乐于向别人展示他穿了数十年的西装皮鞋。他不像其他富豪那样坐千万豪车，他的坐骑多年未换。李嘉诚的办公室如他的外在一样简单低调，一张办公桌、一沓便笺纸、两支笔、一副放大镜，房间中只有黑色的沙发和茶几，没有靠垫没有烟灰缸，甚至连潮汕人最喜爱的工夫茶具也没有。

李嘉诚不仅自身深谙低调的人生含义，对于初涉商场的儿子，更以

同样的标准严格要求。

由于幼时家境贫寒，年少时艰辛打拼，成功前艰苦的生活使李嘉诚养成了勤俭谦虚、低调无争的品质。细观他的一言一行，我们发现，如今风光无限的赢家，也遭遇过弱势和坎坷，也会在磨难中无奈地低头弯腰，正是经历过比一般人更多的艰辛，付出过比常人更多的努力，他们才更能在风浪之后耐受平淡，淡然处事，不喧不炫，一直保持低调行事和谦和待人，才能避免得意忘形而登高跌重。

深藏不露是智慧，低调为人是修炼。成功固然可喜可贺，但绝不是炫耀的资本，更不是借以打击他人的武器。一个成熟睿智的人，能够在意气风发、功成名就的同时，为别人留出喘息的空间，给对手留份善良和机会，不让自己的成功压制别人，引起他人的嫉恨。

既然低调如此重要，那么，我们如何才能做到低调为人处世呢？

第一，在姿态上要低调。进可攻，退可守，平常心看似平淡，实则高深。放低姿态，才能看得更深入，收获更丰富。

第二，在心态上要低调。功成名就更要保持平常心，做人不要恃才傲物，取得成绩时要懂得感激他人，与人分享。总是看不起别人，总有一天会自食其果。不过分把自己当回事，不自满自骄，才能不断完善自己。

第三，在言行上要低调。过分张扬自己，就会经受过多的风吹雨打，不合时宜地卖弄张扬，就难免遭到暗伤和攻击。指手画脚、揭人伤疤，不管出于什么原因，都会惹人不悦，破坏感情。做到言行谦和低调，才更能显示修养和风度。

学会低调做人，就是要不多言、不自傲，能够适时隐藏锋芒，平淡豁达，不骄不狂。保持低调的姿态，不仅能够保护自己，躲避风险，明哲保身，更能让人暗中积蓄力量，厚积薄发。低调而超脱，终能修炼成心境透彻的智者。

吃亏原则：对待朋友要多付出

中国有句古话："吃亏是福。"有人对这种观点颇不以为然。吃亏？为什么要吃亏？为什么我要谦让你？为什么要我牺牲来成全你？于是，很多人把不吃亏、不受人欺负看作是做人的基本原则，他们可以为了一点点小误会和朋友大打出手，为了一点点小利和小贩争执不休，为了一点点不顺心就想到要离开公司……总之，无论干什么事都是绞尽脑汁不想自己吃亏，心里的小闹钟时刻反复提醒自己：不可以吃亏！

有些时候，过于计较，得失心太重，反而会舍本逐末。过多的计较会使自己陷入沮丧情绪中，而这种情绪会遏止我们的自信，甚至影响我们的判断。因此，能够承受吃亏也是一种自信的表现。其实，退一步，让自己在海阔天空中放松，过程中看似在吃亏，实则在占便宜。

如果再往深层次来讲，吃亏也包含着豁达和宽容，理智和自我克制。所以，在为人处世中，我们要学会吃亏，尤其是在和朋友交往中，肯吃亏，多付出，才能提升你在朋友圈中的威望，使你获得好人缘。

陈诚是一家公司的 CEO，在他的领导下，这家公司几年内便在全国打开了知名度，有些产品还销往了欧美各地。

一天，陈诚在阅读一本英文杂志时，其中一小段消息引起了他的注意，那则消息说，意大利一家公司正用一种全新的技术制造一种电子产品，而且这种电子产品正在欧美市场上全面倾销。当时的陈诚眼前一亮，他以敏锐独到的视角意识到，这类电子产品有着极大的市场潜力。

抓住了这一契机，陈诚亲自带人赴意大利的那家公司去"学艺"，他不但把那种电子产品的生产技术引到了国内，还随之引入了外国的管理方法。回国后，陈诚把原来的厂房扩大数倍，积极争取海外买家的订单。

约翰是陈诚公司的一个客户，他是个美籍犹太人，与陈诚公司曾订

第二章 修人缘：让自己成为最受欢迎的人

了一批电子产品，并打算把这批产品运到美国去销售，但后来不知什么原因，约翰单方面取消了合同，给陈诚一方造成了很大的经济损失，陈诚却并没有要求任何赔偿，他对约翰说："日后若有其他生意，我们还可以建立更好的关系。"

合作伙伴们看到陈诚吃了这么大的亏竟不求赔偿，纷纷表示出了不理解，陈诚却总是笑着对他们说："我并没有吃亏啊。"果然，通过这件事，约翰深深感到这位中国创业者是个可做大事的人，虽然他取消了这份订单，但他却不断向美国的行家推销这款电子产品。不久，美国方面的订单如雪片般飞来，周围人这才感悟到了陈诚"吃亏是福"的道理。

如果陈诚当初对于约翰的毁约斤斤计较，相信便不会有后来纷至沓来的订单了。

在与朋友交往的过程中，不可能每个人的付出都一样多，总有一方吃亏的时候，这时，如果太过计较，只会使朋友之间的关系越来越疏远，只有多付出，不怕吃亏，才能让朋友体会到你对他的诚心，才能使你们的朋友之情更加坚固。以这种态度来做事，你将受益无穷。

也许，你并不太情愿吃亏，但你不妨用"吃亏就是占便宜"的想法来自我安慰，那些眼前之"亏"也许是对你的一种磨炼，考验你的心志和能力。人都喜欢占便宜，你吃一点亏，让朋友占一点便宜，他一定会感激你，当你是最好的朋友。在恰当的时候，他一定会回报你，这就是你"吃亏"之后占到的便宜。

上天是公平的，当你从这里吃亏，必然会从那里得到。"吃亏是福"关键在于心，在于不计较小小得失，只有从生活中，从为人处世中，总结经验，反省自己，并有所改善，才是真正的智者。

第三章

搭讪

快速与陌生人成为朋友

开场白直接关系搭讪成败

兵书上讲"不打无准备之仗",这告诉后人,做事情要有充足的准备。在人与人的搭讪过程中,开场白可谓是建立第一印象的重要程序,也是影响你能否成功搭讪的关键。开场白的准备工作很重要,包括个人心理调整、仪容仪表、用词用句等。

开场白出现在各种社交场合,特别是在男女相亲过程中。无论男生还是女生,都希望在相亲时吸引到对方的注意力,所以在出门前,一定都会做一番打扮。精心准备漂亮合体的衣服,精致的妆容,甚至是开口的第一句话也会在家中练习好多遍。

英国心理学教授理查德·怀斯曼曾经对一场现代都市男女进行的相亲大会进行了调查。结果显示,速配成功的情侣,他们的开场白往往都是幽默风趣的,经过细心准备的。开场白可能不是搭讪成功的唯一因素,但它却是必不可少的重要因子。

有些人不太重视开场白,与人搭讪仅仅靠的是自己的直觉,当下反应。这当然也不失为一种方法,自然地流露反而会给人真诚实在的感觉。但是这种类型的开场白需要你有深厚的积淀,能够在未知的情况下做出合适的言行。然而事实是,很少有人能够有把握地说,自己可以掌控所有搭讪情境,手到擒来。

因此,在日常生活中,做好开场白工作就显得格外重要。第一印象是决定搭讪成功的第一步,也是关键一步,开场白又是给人第一印象的直接表现。做好了开场白工作,你的搭讪也就成功了一半。

张超是一名律师,在一家写字楼的14层工作,平常午休的时候,他总会到一楼的港式茶餐厅吃碗煲仔饭。去过好几次后,张超注意到了一个女生,也经常到这里吃午饭。该女生面容姣好,气质颇佳,但总是一个人来。

张超猜想,她可能也是在这栋大楼上班的职工,也许还是个单身。对女生的爱慕之情越来越浓烈,张超就越想要认识对方。但是如何在人声嘈杂的午餐时间主动和对方搭讪呢?张超苦思冥想了一番。

这天中午,该女生又是一个人坐在墙角的桌子上自己吃饭。张超发现她的桌子有空椅子,于是就鼓起勇气走到女生旁边,面带笑容地说:"请问,这里有人吗?"女生抬头看了看,以为他是要拿走空椅子,便说:"没人,椅子你拿走吧。"

随后,张超坐了下来,依旧挂着灿烂的笑容,说:"我朋友过一会儿才到,我可以陪一下你吧?"女生听后扑哧一声笑了,两个人的关系一下子被拉近了。

有的人在遇到想要认识的女生时,不会像张超这么绅士又幽默地搭讪,而是走上去就一句:"美女,能一起吃个饭吗?"往往这样的开场白,搭讪都要以对方的翻白眼结束了。这样一种提问,在陌生人看来是十分无礼的,很容易使自己陷入被动状态。而如张超的做法,则给自己和对方都留有余地,坐下后,再交谈,抓住对方的兴趣。

开场白的形式多种多样,不同的场景,不同的对象,开场白都要适当地做出调整。

比如在日常生活中,想要比较自然地认识一个人,那么开场白可以用建议的方式。比如在商场里,有人在红色裙子和蓝色裙子之间犹疑不决,这个时候,你主动站出来,给出你中肯的建议,那么通常会给对方以好感,并且你们之间继续交谈下去的概率也会更大。

如果是在酒吧、KTV等场合,开场白就无须再遮掩含蓄,而要简单、直接、勇敢,给人一种有魄力的感觉。比如"可以请你喝一杯吗?""你刚才唱得真好听",这样的请求和赞美之词都会放松彼此的心理警惕,拉近双方距离。

进入互联网时代,在网络上如何与人搭讪,开场白也有特殊之处。由于双方都看不到彼此,因此需要通过网名、标签等寻找共同点,从而打开话匣子。双方可以聊爱好、热点八卦,这样比较容易熟络起来。

开场白之所以这么重要,是因为第一印象在人们的心中有不可磨灭的地位。我们常说对一个人有眼缘,就是在你看到他的第一眼起,就觉得合你心意,而一个好的眼缘得益于你漂亮的开场白。

放不下面子,搭讪怎能成功

李嘉诚说:"当你放下面子去赚钱的时候,你就懂事了。"同样的道理,当你放下面子,主动踏出第一步时,搭讪也就成功了大半。但是中国人又非常注重面子,自己要面子,要给朋友留足面子,什么时候都不要丢了面子。有些人把面子看得极为重要,认为这是一种自尊自爱的表现,但是会让你丢失了许多珍贵的机会。

面子就像是人脸上的一层金粉,它能给你荣耀和虚荣,但很容易被风吹散。"面子文化"可谓是中国特色,可是在搭讪这件事上,如果你还是端着自己的面子,故步自封,骄傲地等待别人来主动与你说话,那无疑是愚蠢的。

搭讪这件事,在很多人心里是一件不太容易办到的事情,面对一个陌生人,虽然你有意愿与其沟通,但是对方的态度是未知数。倘若搭讪被拒,岂不是会很没有面子?这往往是人们在搭讪时会考虑的问题。

害怕被拒绝,担心被人笑话,可是,你本身就不认识对方,即便是被拒绝又有什么大不了?不过是回到原点,但这次经历却锻炼了你的勇气,也为你的社交积累了经验。搭讪,其实是一件只赚不赔的买卖,成功了,你会收获一个朋友、一个恋人,失败了,你就赢得了下一次成功的砝码。

刘冰是一家外贸公司销售部的经理,他对人力部门的一名刚入职的小助理心仪已久，一直想要约对方看电影、吃饭，希望两个人能够有发展的可能。但是刘冰心里又想，自己是部门经理，在公司也算是中层领导，主动向一个下属示好，让其他人知道了，太没有面子了。

于是，在接下来的日子里，虽然刘冰还是很中意对方，在公司里时时刻刻注意对方，回到家也是念念不忘，但就是迈不过心里这道坎儿。在休息室遇到了，刘冰也还是端着经理的架子，只是说一些工作上的事情，语言和表情都很冷淡，对方自然也就把这种交谈当作是上下级之间的正常交流。

每次这样的沟通之后，刘冰都很后悔，可是始终还是转不过这个弯儿。直到有一天，公司另外一个小伙子也对这个女生有了好感，并主动约对方吃饭，这着实刺激到了刘冰。于是他终于放下了自己工作中的身份，在下班后，主动给女孩打电话，邀请对方看电影。

后来女孩告诉刘冰，自己其实早就喜欢上他了，可惜他总是一副高高在上、拒人于千里之外的态度，使得自己不敢表明心意。多亏了那个也追求女孩的男生，才使得刘冰终于放下了面子，抱得美人归。

当一个人想要搭讪另外一个人的时候，其实这就是一种缘分，勇敢地迈出去，把握住这个机会，可能就会带来一段奇妙的感情。

每个人对自己都有一个认知，样貌、爱好、工作、学历、社会地位等，我们不自觉地将自己划入了一个个圈子中，认为只有在这个圈子内活动、选择才符合自己的身份，一旦有了对圈外人的兴趣，那就是丢面子。

还有些女生认为，在感情里就应该是男生主动来搭讪女生，于是即便是遇到自己心仪的男生，也绝不主动示好，最终便在死死守着自己面子中看着喜欢的人和别人走进了婚姻的殿堂，黯然神伤却无能为力。

面子这种东西，来自你对于人有高低之分的心理，但是人人生而平等，没有什么事情是必须男人做的，也没有什么事情是高职位的人不应该做的。只要你是真心想要认识对方，那就听从内心最真诚的声音，主动出击，不要等到失去后才后悔。

固守面子，只会让你白白浪费了大好时光，大胆一点，放平自己的姿态，告诉对方你的感觉，不要让自己的感情葬送在面子上。问自己一句，究竟是面子重要还是感情重要？若是每个人都自恃清高，那么人类之间就不会有交流，社交就变成了一句空话。所以，别让面子阻碍了你的缘分和幸福。

如何避开搭讪误区，防止尴尬

搭讪是一件既迷人又危险的事情。"认识你，比什么都重要"的信念，让人爱上搭讪，但这也存在一定的误区，可能会造成尴尬的局面。

在开口搭讪之前，你永远都不会知道自己遇到什么样的人，这正是搭讪的魅力所在。与此同时，这也给搭讪带来未知的风险，如果你没有做好准备，考虑不周，就很有可能误入雷区。所以，为了防止尴尬，有必要了解一些搭讪的误区。

搭讪的第一个误区就是许多人认为搭讪是一件非常见不得人的事情，甚至有些猥琐，都是些地痞流氓才干得出来的事情。但其实搭讪这件事本身并没有见不得人，而是我们对它的认知出现了误区。

搭讪常发生在男人想要认识女人的情况下，通常人们在心理上就排斥这种行为，甚至认为这是猥琐的。但是猥琐不在于事情，而在于做事情的人。男女之间的互相吸引本来就是正常的生理反应，这是人的天性，没有不道德的成分。

第二个误区则是把搭讪看得太过简单化，认为要到对方的手机号码、微信号就是搭讪成功，实则不然。如今社会风气比较开放，一般情况下，陌生人也能在交谈几句后给你留下联系方式，但这并不代表你的搭讪是成功的。

李红在一家青少年培训机构做业务员，需要经常到大街上派发传单，到学校门口给家长们做宣传。其中一项工作内容就是要到家长或学生的联系方式，发展成为机构的潜在客户，并且公司还将要到的电话号码个数作为绩效的一个标准。

李红为此发了愁：怎么才能在最短的时间内要到更多的电话号码呢？思来想去，最后她竟然想到一个投机取巧的办法，那就是骗家长、学生说，他们在搞抽奖活动，签上名，留下电话就能够参与抽奖。于是李红就在学校门口搭起一张桌子，来来往往的人很多，大家一看是抽奖，都兴高采烈地走过去，留下自己的电话。放学的工夫，李红就收集到了50多个电话。

回到公司后，其他同事最多的也就是要到20个家长的电话，李红远远超过其他人，主管很高兴。但是第二天在打回访电话的时候，发现李红收集的电话当中有很多人根本就没有孩子正在读小学、中学，并且全部的人根本不知道这个培训机构，没说两句就挂断了电话。

而其他同事的电话虽然少，但是每一个都是经过之前的有效沟通，使得再联系更加有的放矢，并成功地签下了好几笔单子。李红只知道要电话，却没有为最终的目的而服务，是完全失败的搭讪。

搭讪的第三个误区，就是将搭讪当作是应试考试，以为照本宣科地背诵已有的模板，就能够应付所有的情况。比如好多人跟人打招呼都是"你长得和我的初恋好像"，女人对这句话都有了免疫力，怎么那么多男人的初恋都和自己长得像呢？每个人都有其独特性，女人更容易被独一无二的搭讪而打动。

搭讪的第四个误区就是认为搭讪必须要有高超的技巧，一定要会花言巧语，巧言令色。但这往往正是搭讪失败的原因所在。有的男人在和女人搭讪时，会使用这样一种方法："美女，你东西掉了？"女人回过头："什么？""你男朋友掉后面了。"

你以为这样的搭讪很聪明，但是在女人的眼里这往往是油嘴滑舌的表现，她认为你能对她如此，你也会对其他女人这样。再加上有些人的演技不过关，还会被人当作神经病看待。搭讪不能一步登天，难免会在过程中犯一些错误，只要不气馁，知错就改，再接再厉，成功率就会得到提升。

搭讪是一种很重要的社交方式，因此要端正态度，理性认识，对自己对他人都要抱着尊重的态度。心理学家墨菲斯创造的理论强调用心性去吸引他人，主张以强大的心态去吸引对方。心性的投入，不是欺骗与诱惑，而是发自内心、用心投入的艺术，是真情流露。

探知对方心理，提高搭讪成功率

搭讪，在很多人的认知中，是一件不太体面的事情，没有值得称道的地方。但是随着社会的发展进步和社交关系的需要，搭讪已渐渐成为一门技术和必修课。

人是社会性动物，必须要与人沟通交流，懂得如何搭讪将为自己的事业和感情带来意想不到的收获。搭讪虽然是一种行为，但它反映的却是一种心理。兵法上讲"知己知彼，百战不殆"，探知对方心理，也能够提高搭讪的成功率。

所谓搭讪，指的是主动和陌生人交流，为了想跟某人接近或者把尴尬的局面敷衍过去而找话题聊。搭讪，就是带着某种目的去和陌生人结识。搭讪的目的有很多，并不只是泡妞儿，因此不要对其抱有负面印象。向陌生人问路、结识潜在客户，都是在搭讪，这绝不是轻浮的事情，而是需要动用很多心理学知识的一门学问。

被搭讪者当时的心理状况会直接影响你的搭讪效果。人类的交流是一个互动交互的过程，但是我们不是机器，不是你输入一个指令，对方就会给你一个固定的反应，所以这就需要你在搭讪的时候考虑对方此时的心理，有的放矢地出击。

面对一个你一直想要认识的人，可能你还可以通过事前的调查询问，得知对方最近的生活、工作状况，从而掌握他当下的大致心理情况。对于陌生人，为了提高你的搭讪成功率，就需要通过一些微动作和大环境来推测他当时的心理状况，然后选择恰当的搭讪方式。

住在纽约的杰克在圣诞节前夕驱车赶往休斯敦，打算与父母一同度过节日。然而他在路上遇到了暴风雪，被困在高速公路上的一个加油站。此时孤立无援的他车子又抛了锚，万般无奈下，在加油站员工的指引下他来到附近一个村子寻求帮助。

走了有十多分钟，杰克看到了一家汽车修理厂，虽然很简陋，但此时也只能指望于此了。谁知杰克还没有走到修理厂门口，就听到很大的争吵声从屋里传出。接着他就看到一个五十多岁、满脸胡楂的男人被一个胖胖的妇人从屋内推出，妇人还大声吵嚷着："你走，不要在这个家里待着！"男人也气冲冲地回应说："走就走，我受够你了！"

此情此景，杰克大致明白了情况，夫妻俩吵架，男人应该就是修理厂的师傅了。此时，男人正蜷着双臂站在雪地中使劲儿地踢雪，嘴中不住地说着妇人的不是。如此的情况，杰克犹豫着如何开口请求帮助。思考片刻后，杰克走了过去。

"嘿，兄弟，圣诞节何必还和老婆吵架呢？"然后又提高了声调对着屋内说："外面这么冷，冻坏了身子可怎么办啊！"其实这话是说给屋内的女主人听的。男人被杰克说得心软也心暖了，妇人也打开了门。

然后杰克顺理成章地提到自己的困境，请求对方的帮助，男人十分乐意，妇人还送上了刚做好的松饼。

心理学上讲"首因效应"，指的是人们在初次接触时会根据对对方的直觉观察做出反应。因此，当你不明就里地搭讪时，有可能因为言行不符合对方当时的心情而遭到拒绝和反感。所以，在第一次见面时，我们可以根据对方的表情、体态、服装、谈吐、礼节等做出判断，选择合适的搭讪方式。

如果你搭讪的对象是一位年纪不大的女生，衣着时尚，身上流行因素很多，言行很活泼，可以推断出该女生的心情是不错的，而且是一个比较简单直接的年轻人，因此你则不应太过严肃、拘谨地搭讪，应该大方直接地交流。

如果对方是一位 30 多岁的母亲，身边带着年幼的孩子，手上还挎着菜篮子，焦急地在等公交车，这时候如果你需要向其询问某事，就要考虑对方此时可能正着急回家，母亲的身份也使得对方会更加谨慎地对待陌生人，因此你要带着谦逊友好的态度，礼貌地直达主题。

我们鼓足勇气去跟人搭讪，当然是希望能够搭讪成功，但是要想成功不是仅仅你做了充分的准备就能够实现的。因为社交是一个不确定的行为，你无法事先了解被搭讪者的心理状况和个人状况，这就需要我们根据实际，推测当下对方的心理，有针对性地搭讪。

三分钟快速成功搭讪法

我们生活在一个快节奏的时代，时间的齿轮推动着每一个人马不停蹄地往前走。这使得人与人之间的沟通往往要略过前奏，直奔主题。每个人都有自己要做的事情，没有太多的时间可以浪费，因此，很少有人会耐得下心听你说上二十分钟。所以，我们要尽量在三分钟内就吸引住对方的眼球，实现成功搭讪。

心理学研究表明，人对于陌生事物的注意力很短，如果无法引起对方的兴趣，那其将会被完全无视。因此，搭讪，就是要快速地抓住对方眼球，不要拐弯抹角，委婉曲折，而要直捣黄龙，达成目的。

搭讪的时候不要为了问问题而问，而是要有逻辑，每一句话都是在为最后的目的做铺垫。环环相扣的提问才能使谈话继续下去，也更能够引起对方的兴趣。

有时候，我们搭讪是为了得到对方的电话号码，然后可以在接下来的日子与他再进行沟通。那么如何在短时间内要到对方的电话号码？下

第三章 搭讪：快速与陌生人成为朋友

面举一个成功搭讪的案例。

王强，30岁，刚刚结婚，妻子是他在丽江旅游的时候认识的。两人的这份缘分正是由于王强当初成功的搭讪。

2009年，王强来到丽江旅游，晚上在丽江边上的酒吧里听歌时，看到一个美丽的女孩正在凭栏眺望，一下子就吸引住了他。他对于女孩可谓一见钟情，于是他鼓足勇气，走到女孩身边，说："丽江的夜晚真是美啊！"

王强的话成功引起了女孩的注意，同是出来旅游，当地的风光自然是一个比较好的讨论话题。看到女孩没有排斥自己，王强便继续问了一些问题，比如，一个人来旅游？你都去了哪里？还有哪些地方想去？其实女孩的心里知道王强是来搭讪的，但是她并不反感一个驴友的追问。

事情发展到这一步，如果再继续聊下去就会显得有点不礼貌，于是王强提到自己的攻略上还有一个美丽的小村庄，就在这附近，简要介绍了那里的特色，这成功引起了女孩的兴趣，然后王强顺理成章地问女孩是否有意愿一同前行，女孩欣然答应了。

搭讪进行到这一步，其实已经成功了，所以要见好就收，女生对于立刻要离开的男生，通常是有安全感的。于是，王强说："真对不起，我还有些别的事，不如我们彼此留一下电话，明天再联系一同出发。"

就这样，王强成功要到了女孩的电话，并且为和女孩进一步发展创造了有利的机会。

想要在短时间内搭讪成功，你需要做一些前期的准备。人的心理判断在很大程度上会受视觉的影响，因此，衣着永远不会是厌倦的话题。女生通常在第一次见面时会精心打扮一番，男生也应如此，干净、整洁、合体的衣着会给对方一种舒适亲近的感觉。

如果你不知道如何找到合适的话题，有一个间接的方法，就是将对方想象成为一个许久不见的老同学，然后自然地上前轻轻拍打一下对方的肩膀，喊出一个名字，待对方转过头来时，显出尴尬的神情，并解释道歉，进而称赞对方。

而直接的方法就是用欣赏的眼光看待对方，直接称赞对方的样貌、气质、衣着等，因为没有人会拒绝赞美。然后再继续聊其他的话题，就会不那么令人排斥。

搭讪的时候，尽量要表现得自然真实些，矫揉造作的行为不但不讨人喜欢，反而会让人反感。一个人的真诚是打动对方的最大法宝。

搭讪时还要转换一种思维，不是你要认识对方，而是要给对方一个认识你的机会，要有自信，相信对方会喜欢自己。人在自信的状态下就会超常发挥，不会有紧张得发抖、手出汗的状况。这种自然大方的言行也会给对方好感。

心理学上讲的"眼球效应"，是指用各种手段迅速把别人的目光吸引过来，搭讪也具有相同的目的。想吸引他人眼光，首先你要有吸引人的点，可以是服装、发型、样貌、谈吐、话题等。尽量保持平行的姿态，像个朋友一样给些建议，讲讲笑话，谈谈风景，都是很快打开对方心房的好办法。

你不知道的十大"搭讪礼仪"

搭讪是一门艺术，需要讲究技巧。搭讪的人，有机会享受与自己心仪对象约会交流的美好经验。而不搭讪的人，却在传统僵化的思维中将搭讪妖魔化，失去了与人沟通的乐趣，最终只能陷入无尽的懊恼。

在搭讪的过程中，为了提高成功率，你需要注意一些细节，这被称为是"搭讪礼仪"。

第一，不要从背后去跟陌生女子搭讪。这和人的心理有关系，一个人对于从背后出现的状况有本能的排斥和恐惧心理。甚至在一些地区和国家，从背后拍打人的肩膀是十分不礼貌的行为。

第二，视线相对时，应该流露出自然的微笑。俗语说得好，"伸手不打笑脸人"，微笑是最好的名片。笑容是全世界的通用语，虽然我们语言不通，但是一个微笑就可以拉近彼此之间的距离。这是你认识陌生人最好的方式。

第三，不要从上到下打量对方的全身。被人上下打量，会给人不舒服的感觉，像是自己的尊严受到了侵犯。因此当与人搭讪的时候，视线尽量保持在一个区域，最好是对方的眼睛，如果你不太好意思，也可以看着对方的额头，总之不要眼神游离，左顾右盼。

第四，态度要自然，不要让对方感觉到你是在有意和他搭讪。人在心理上对于他人有利可图的行为存在一种不信任感。而当你放下个人利益，做一件对自己没有直接好处的事情时，往往能够得到他人的赞赏和欣赏。

第五，不要急着去接触对方的任何身体部位。社会学上讲每个人都有自己的社交距离，关系亲近的可能是十几厘米，陌生人之间则可能在一到两米。人都有自我保护意识，对身体的触碰，被看作是一种冒犯，特别是对于一些敏感的人来说。尤其要注意对待女生，更不能轻易有肢体接触。

第六，不要对方一拒绝就气馁，而要越挫越勇，再接再厉。没有什么事情是可以一蹴而就的，搭讪就要脸皮厚一点，不要害怕被拒绝，别把自尊、面子看得太重，只有在反复打击中站起来，你的搭讪水平才会提高，你的社交能力才能得到提升。

第七，不能缠着对方，更不可以挡住对方的去路，紧追不舍。穷追猛打可不是什么好方法，那只会引起对方更大的不满，甚至还会把你当作骚扰者，让你吃官司。无论是在公共场合还是在私人领域，如果对方非常明确不接受你，千万要放手，不可以死缠烂打，那样才是真的没有尊严。

第八，要有自知之明，不能好高骛远。向往美好的心情，人皆有之，可是我们也要结合自身的实际情况，比如你喜欢某位明星，就要看清自己与她的差距，不能盲目地活在幻想之中。样貌和金钱、社会地位上的差别在现实中还是很实际的问题。

第九，最好不要直接要电话、QQ、微信等通信方式。人在心理上都有保护个人隐私的本能，一个陌生人直截了当地向自己要联系方式，会让对方认为这是没有礼貌的行为，也会被对方看作是探取自己隐私的行为，因此这样的搭讪通常不会成功。

第十，如果你要到了电话，一定要尽快地主动打过去。如果对方已经给了你电话，就说明对你的印象还不错，这时就要乘胜追击，拖的时间越长，越容易被对方忘记，并认为你根本不重视他。

搭讪作为一种社交行为，要考虑到对方的心理状态，懂得心理学，才能更加准确地找到搭讪的方式。掌握好搭讪礼仪，对自己也是一种提升，可以帮助你建立强大的自信，培养积极的人生态度，拓展你的朋友圈。因此，只有放开自己的心，了解对方的心，才能让心与心之间架起沟通的桥梁。

第四章
拒人有方
委婉暗示令对方知难而退

说"不"要委婉，点透即可

因不想破坏人际关系而顾虑重重，最终没能拒绝别人的请求……相信大家都有过这样的经历。尽管体谅对方是十分重要的，但若只是一方一味忍让，这样的关系迟早会破裂。短时间内也许还好，想要长时间维持良好的关系，学会说"不"是十分必要的。

也许有人认为说"不"会令彼此产生嫌隙，但其实高明的回绝方式并不会伤害对方。一个不懂得拒绝的人，会一直处于被动的地位。可是只要一说起"拒绝"这两个字，许多人都会感叹"拒绝别人很难"。为什么说"不"这么难呢？

已故的国宝级大师启功先生，就是一个不懂得拒绝别人的人。启功先生是我国知名的书法家，向他求学、求教的人几乎踏破了门槛，先生住处终日不断脚步声和敲门声，启功先生曾自嘲："我真成了动物园里供人参观的大熊猫了。"

有一次，启功先生患了重感冒，连床也起不来了。因担心有人来访，他特意在门外贴了一张字条，上面写了两句话："熊猫病了，谢绝参观；如敲门窗，罚款一元。"尽管病卧在床，先生仍不失幽默。此事被著名漫画家华君武先生知道了，华先生专门画了一幅漫画，并题字云："启功先生，书法大家。人称国宝，都来找他。请出索画，累得躺下。大门外面，免战高挂。上写四字，熊猫病了。"后来，启功先生的挚友黄苗子也听说了这件事，为了保护自己的老朋友，黄先生便用"黄公忘"的笔名写了一首《保护稀有活人歌》，呼吁大家关爱老年知识分子的健康。

在日常交往中，有时对方提出的意见或邀请是出于一番好意，我们不想接受或刚好不能接受，但碍于情面或感情又不好直接拒绝，这时可以委婉一些，告诉对方"下次再……"当然不要忘记感谢对方，以使对方感到自己是受尊重、被感谢的。比如，朋友邀请你到他家里跳舞，如果你不想去，可以这样回答："哦，真不巧，今天我已经约了朋友，你这么辛苦组织了一次，我去不成，太遗憾了。下次吧，下次你可得早点儿通知我。"如果你说"没空，去不了"就会让人很扫兴，可能别人以后都不再邀请你了。

事实上，我们心里知道不要什么、不能怎样和为什么不要、为什么不能，可就是无法把那个"不"字痛痛快快地说出来，只让它在嗓子眼儿里打滚儿。为了妥善应对这种情况，我们应学会巧妙地拒绝，不直接说"不"，而是给对方明确的暗示，说明"不"的理由，这样既能显示你的水平又不伤和气，对方也更容易接受。

总之，每个人都有"拒绝"的权利，为了很好地维护自己的时间、利益和财产，我们永远有权利说"不"。拒绝得体，回答委婉，所表现出来的不仅仅是对别人的关心和尊重，也是对自己的关心和尊重。

慢点说"是"，笑着说"不"

美国作家比林提出一个定律：人一生之中，一般的麻烦都是由于太快说"是"、太慢说"不"造成的。这就是为什么要学习幽默话术的原因。太慢说"不"，会带来很多不必要的麻烦，而幽默的说话技巧能帮我们快速而轻松地说"不"。

遇到别人的请求时，一定要考虑周全，自己办不到的事情一定要据实相告，拖得越久越难收拾。此外，开口拒绝时一定要心平气和，笑着说"不"，让对方在轻松的氛围中听到结果。

某男生非常喜欢同班的一名女同学，于是不断给她写信，并在日常生活中反复献殷勤。但是，这名女生对这名男生没有那种感情，只是把他当作普通同学看待。虽然女生多次准备向男生解释清楚，然而看到对方真诚的眼神，女生就于心不忍。她不想直接拒绝他，因为那样有点儿残忍，女生思前想后，终于想到了好办法。

这一天，女生找到男生，对他说："你知道吗？我特别喜欢吃冰淇淋，尤其偏爱香草口味的。"男生听了，兴奋地说："那我以后天天给你买香草口味的冰淇淋。"女孩笑了笑，接着说："男生就像各种口味的冰淇淋，每个人因为喜好不同，选择的口味也不一样。在我眼中，你是草莓口味的冰淇淋。"男生听完女生的话，立刻明白是什么意思，之后就不再打扰女生了。

为了不伤男生的自尊心，女生用冰淇淋类比，通过幽默风趣的方式表达了真实意图。她拒绝男生的时候，态度始终是亲切平和的，并没有对男生不屑和厌烦。这样的拒绝方式，更容易让人接受，于是男生选择了知难而退。

生活中的许多烦恼都可以用幽默轻松化解。不好意思拒绝别人，恰恰表明你是一个善良的人，你只需慢点说"是"，笑着说"不"，对方自然能感受到你的善意，并以感恩的心态接受眼前的事实。

为什么拒绝了别人，还要面带微笑呢？那是因为，拒绝也可以不伤害彼此之间的感情，而微笑恰恰是表达友善的名片，是打开彼此心结的一把钥匙。微笑意味着你的态度是真诚的，并渴望得到理解和谅解。这样一来，你们之间的关系就不会因为拒绝而出现裂痕。

抢先一步，让对方的请求说不出口

你是不是曾遭遇过这样的情况：明明想对别人说"不"，却硬生生把这个"不"字吞到了肚子里，而违心地从嘴里蹦出来个"是"字？事后又越想越不对劲，认为"我其实当时应该拒绝他的""我怎么这么没用，不敢说出真心话"，并因此自责不已、悔不当初，甚至陷入沮丧的情绪

第四章 拒人有方：委婉暗示令对方知难而退

之中久久无法释怀。

很多时候，正是因为我们太容易说"是"，才让自己陷入"不得不"或者"被逼无奈"的窘境中。更重要的是，这种草率的决定还会打乱我们的计划和安排，使我们的工作与生活陷入被动。长此以往，我们将无法享受给予和付出所带来的真正快乐，就连正常的人际交往与互动都会成为一种负担。

为什么不直接说"不"呢？因为碍于面子，不想得罪人！认真回想一下，我们在生活与工作中遭遇的挫折与不如意，有多少是因为碍于情面、过于草率地答应了他人的要求，事后却发现自己力有所不逮的呢？对于在商海中打拼的人来说，就更要敢于说"不"了，否则会给自己带来很多不必要的麻烦。

如果我们实在不懂得怎样拒绝别人，那么在确定别人将要说对我们不利的话或办我们不想办的事情时，不妨主动抢先开口，或封、或堵、或围、或压、或劝、或截，这样就能牢牢掌握交际的主动权，把对方的要求堵在嘴里，达到拒绝对方的目的。

曹操准备攻打吴国，而吴国主将周瑜足智多谋、精通兵法，是其灭吴的一大障碍，于是曹操派蒋干去东吴劝说周瑜。蒋干风尘仆仆到了江东，周瑜听说蒋干来了，知道他来干什么，于是决定来个先发制人，打消蒋干的企图。

两人一见面，周瑜就开门见山地说："子翼不辞辛苦远道而来，是为曹操做说客的吧？"蒋干没想到周瑜竟有这一手，犹豫了好久，方说道："老朋友相逢，你怎能说这话呢？"席间，周瑜又对众将说："这是我的同窗好友，虽然从江北来，却不是曹操的说客——你们不要怀疑。"并解下佩剑交给太史慈说，"你佩上我的剑做监酒，今天宴饮，只叙朋友交情，如有谁提起曹操和东吴军旅之事，就斩下他的首级。"

蒋干大吃一惊，再不敢开口提劝降之事。宴后，周瑜拉着蒋干的手说："大丈夫生在世上，遇到知己之主，外托君臣之义，内结骨肉之恩，言必听、计必从，祸福与共，即使是苏秦、张仪、陆贾、郦生那样的人再生，口若悬河、舌如利剑，又怎么能说动我的心呢？"就这样，周瑜采用先发制人的策略，让蒋干始终不敢提起半句劝降的话。

从这个故事中我们可以看出周瑜的策略有这样几个特点：第一，先封，他抢先一步，单刀直入，直接点破蒋干来吴的企图，先封死蒋干的口，让其不便开口；第二，再压，在酒席上，他派太史慈做监酒官，并且明定"只叙朋友交情，如有谁提起曹操和东吴军旅之事，就斩下他的首级"，让蒋干慑于军令而不敢开口；第三，后围，用"大丈夫生在世上……"来堵蒋干的口。这番话慷慨激昂，等于告诉蒋干，是大丈夫就应该这样，只有小人才会反其道而行之。如果蒋干不识时务，硬要说出劝降的话来，岂不是把周瑜和他自己都当成小人了吗？这就让蒋干更加难以启齿了；第四，紧接着又顺势说出了"即使是苏秦、张仪……又怎么能说动我的心呢？"暗示蒋干不必枉费心机、白费口舌了。这样一环扣一环，自始至终压住蒋干，使他欲说不能、欲说无词，计划全盘落空。

当我们想要拒绝别人时，要尽量争取主动，站在有利的位置上。不管怎么说，拒绝别人的要求总是被动的。但在有些情况下，当发现对我们不利的苗头时，不妨主动出击，不给对方开口的机会，这种拒绝不动声色，没有痕迹，实在高明。

世界著名影星索菲娅·罗兰在自传中记录了卓别林对她说过的一段话："你必须克服一个缺点。如果你想成为一个生活异常美满的女人，你必须学会一件事，也许是生活中最重要的一件事，必须学会说'不'。你不会说'不'，索菲娅，这是个严重的缺点。你很难说出口，但你一旦学会说'不'，生活就变得好过多了。"生活中很多人认识不到说"不"的重要性，遇事优柔寡断、畏首畏尾，结果常使自己处于被动地位，听命于人。比如，朋友托你出差时捎带你根本没有时间去买的东西，关系不怎么样的朋友找你借钱，亲戚托你办你办不了的事……这些不想做而且也不是分内的事，常常给我们带来很大的负担和烦恼，改变这种状况的唯一办法就是学会说"不"！

巧妙运用"客观理由"拒绝

现实生活中，每个人都有过拒绝或被拒绝的经历。当对方突然提出一个问题，而我们还没有做好准备或者根本就没有想到这个问题时，可以找适当的理由先进行回避，等找到好的答案后再与其洽谈。找理由就是为了缓和眼前的紧张状态，使对方觉察到我们的拒绝。

通常情况下，在面对被拒绝者的时候，我们只需要把拒绝的原因说出来就可以了。例如"我要把明天的会议报告赶出来，没有时间帮你""我对于这件事情一窍不通，根本不可能完成"，这样的理由诚恳、真实，足以让被拒绝者放弃对你抱有的幻想。然而，问题就在于，有时候我们拒绝别人的真正理由并不见得能够让对方信服，又或者一旦说出来，可能会让双方都陷入尴尬。

生活中有很多这样的例子，比如某女孩儿拒绝了一个男孩儿的追求，原因是男孩儿的长相她实在接受不了。如果男孩对简单的拒绝不死心，问及原因，女孩儿难道能把真实的想法说出来吗？当然不能！很多时候，为了维护双方的关系或者对方的自尊，我们即便选择说"不"，也要慎重地想想自己的拒绝理由是否充分、是否能够令对方坦然接受。

朱元璋是明朝的开国皇帝，他推行的严刑峻法让人十分惧怕。有一天，画家周玄素奉朱元璋之命进宫，被要求在宫殿的墙壁上描绘明朝的江山地理图。周玄素不知道朱元璋葫芦里卖的什么药，但他很清楚朱元璋的脾气秉性，如果画不好的话，肯定会惹祸上身，甚至有掉脑袋的危险。考虑许久，周玄素伏地向朱元璋请命："臣不曾遍走天下九州，孤陋寡闻，不敢受此命，恳请皇帝给微臣出一个草图，待臣再依草图描绘润色，不知道皇上意下如何？"

周玄素很机智地找了一个客观理由拒绝了朱元璋。如果周玄素直接拒绝朱元璋，后果可想而知。周玄素的做法既保住了朱元璋的面子，又保全了自己的性命，还彰显了自己的谦卑和才华。

通常来说，一些客观理由，如工作忙、身体状况欠佳等是可以明确告知对方的；而一些主观因素，例如对于美丑的评判，或者毫无原因就是不想做等理由，如果说出来，不仅不会让对方信服，反而可能激化双方的矛盾。因此，如果我们的拒绝原因属于后者，那么就需要一个恰当的借口来充当"挡箭牌"。

我们最常用的借口就是工作繁忙，没有时间。因为别人对于我们的工作情况了解不多，因此对于这个理由也没有办法反驳。不过，由于这个理由用得过多，无论是真是假，都会给人找借口的感觉。此外，我们还可以选择比较具体的客观理由，例如"后天我不巧要出差，不能陪你去了"或者"我明天约了××谈生意，然后要带他去施工现场看看，估计到晚上才能回来"等，其说服力自然比简单的"我很忙"要强得多。

对于很多没有意义的应酬和聚会，我们应找合适的理由全身而退。也就是说，在拒绝别人时，这个合适的"客观理由"，既不伤别人的自尊，也给自己留了条后路。

转移话题，轻松达到拒绝目的

在现实生活中，谁也免不了遇到不好意思拒绝的要求。当面对不好意思拒绝的要求时，我们怎样才能不伤感情地委婉拒绝呢？例如，我们不喜欢赌钱，几位多年不见的朋友相聚，却非让我们加入牌局不可，对我们来说，找一个推辞的借口是十分费神的事情。这时最好的策略就是及时转移话题，巧妙地将话题的主导权抓在自己手里。

其实，我们使用转移话题这种方法的机会很多。比如你和朋友去看了一部拙劣的武打片，出了影院，朋友问这部片子怎么样，我们可以回答：

"我更喜欢抒情点的电影。"你正在发烧,但不想告诉朋友,当朋友关切地问:"你试试体温吧?"你可以说:"不要紧,今天天气不太好。"

在谈判中,当对方提出不易回答的问题时,可以用转移话题的办法拒绝对方,这样既顾全了提问者的面子,也达到了自己不愿意回应的目的。需要注意的是,在转移话题时要非常巧妙,否则就可能表现得自己没有水平。

直言拒绝对方的请求,可能会令对方难堪。例如,当某人请你给他介绍一位你熟识的企业家,以获得某种利益时,你可以说:"我与他纯粹是私交,不涉及他的事业。"当有人向你诉说股市风云、试图借钱时,你可以说:"我对股市没有兴趣,也不太懂。"这样既能使对方明白你拒绝他的意思,又不伤他的自尊。

如果对于对方所谈的话题没有兴趣,用一些不必要的话来避开对方的提问,也是很有效的。这种拒绝方法会使对方无法应对,因为他一时间可能找不到攻击点,因而只好就此罢休。

1807年7月,拿破仑与俄国皇帝亚历山大一世在提尔亚西特会晤。

奥地利王后路易莎也来到了提尔亚西特,她希望拿破仑把北德意志马格德堡归还奥地利。双方一见面,路易莎王后先夸赞了拿破仑,然后就直言提出了归还马格德堡的请求。

拿破仑碍于她是王后,不好当面拒绝,但又不能轻易答应,便转移话题道:"王后今天的着装真漂亮,这得需要多少能工巧匠缝制?"路易莎知道他在有意回避问题,就回敬道:"在这样的时刻,我们要拿服装做话题吗?"说完再次提出了归还马格德堡的请求,拿破仑还是用毫不相干的话题对付她。尽管路易莎多次提出归还马格德堡,拿破仑始终没有答应,并在不失体面的前提下拒绝了她的要求。

转移话题时,不能太突兀,可以从对方的问题上找与之相关的事情进行回答,这样就会让他们忘记原来的问题,或者是回不到原来的问题上。

使用转移话题的方法有时需要把话题转移到对方身上,有时需要把话题引导到不着边际的地方，关键看我们所应对的事情和人，以及所要达到的目的。如果我们是想拖延时间，当然最好是把话题引到毫不相干的地方；如果你是想让对方知难而退，那就需要将话题巧妙地转移给对方。

第五章 求人 不被拒绝的心理策略

展现自身价值才好获得更多帮助

心理学家研究发现，人类具有趋利性。常言说，商人"不做赔本的生意""无利不起早"，这句话话糙理不糙，着实有些道理。他人肯帮助你，那是好心，若是不帮，也是本分。没有人有义务为另一个人效劳，特别是当要损害他人利益的时候，就更加没有人愿意冒这个险了。

既然如此，那么在求人相助时，最好让对方明白，帮助自己的同时也会让他获利。让其看到你的价值，知道你是一个值得帮助的人。今日他人有恩于我，日后我必定要加倍偿还。人们深谙此道，才会伸出援手。

这种人性的特点，并无好坏之分，可以理解。在求人的时候，展现自我的价值，消除对方帮助自己的疑虑，有利于援助的获得。你口才再好，说得天花乱坠，对方认为是不着边际，你这求人之术也于事无补。

要想让对方相信你，就要采用层层剥笋的办法，让其了解你的价值，明白帮助你会得到好处。人的思想很复杂，对一件事看不透，就会疑虑重重，你要做到把握脉络，层层剥茧似的将事情说给他听。

苏联在完成十月社会主义革命之后，列宁带领苏联人民经历了一段艰难的日子。当时苏联物资匮乏，资金短缺。国家的发展急需外资的注入。但是刚刚成立的新政府，正是千疮百孔，百废待兴，哪里有人愿意投资呢？

1921年，在列宁的主持下，苏联开始实行新经济政策，鼓励国外资本的涌入。美国商人哈默得知此消息后前往苏联寻找商机。但是到了之后，恰逢苏联闹饥荒，人民生活苦不堪言。列宁得知哈默来到苏联，热情地将其接到克里姆林宫，亲切交谈过后，希望他能够投资苏联。然而哈默沉默了。

当时，西方对于苏联的新经济政策还都抱有怀疑观望的态度，负面的宣传大行其道，这些都给哈默带来了疑虑。列宁明白了哈默的心事，向其袒露实行新经济政策的目的，并告诉哈默："新经济政策要求重新发展我们的经济潜能，我们希望建立一种给外国人以工商业承租权的制度来加速我们经济的发展。"列宁还说，"官僚主义是我们最大的祸害之一，我们会指定专人成立特别委员会，全权负责处理此事，不会让你们有任何阻碍。"

经过和列宁的深入交谈，哈默了解了苏联的经济政策，明白了投资苏联有利可图，很有发展前景。于是很快就向苏联大笔投资，苏联经济也逐渐恢复起来。

求人，首先你要有吸引对方的点，有作为交换的条件。工作上，你渴望得到贵人相助，上级赏识，那就必须让人家看到你的能力，知道你可以为公司效劳，创造价值。生活中，你想要追求某个姑娘，那就要向其证明自己是个潜力股，有实力，能够给她带来幸福安稳的生活。

任何事情都是双向发展，单方面的付出或索求，都会破坏人类交往的平衡之道，使得双方关系不可能持续长久。求人帮忙，并非要占人便宜，而是希望得到双赢。你有助于我，他日我便会倾囊相助。每个人都是有用之人，关键在于你如何展现你的价值于你所求之人，让他肯定你的价值。

求人有谋略，不是硬碰硬，不是一时头脑发热。掌握了求人的技巧，方能在复杂的人际关系中如鱼得水。

求人，在心理上，容易让自己产生矮人三分的感觉，认为要看他人脸色行事，其实大可不必。个人有个人的本事，天生我材必有用，你要明确自身的价值，今日，我有求于人，并非是自我无能，而是术业有专攻，人不可能十全十美。但是自己的价值，也有可能是他人不日需要用到的地方。所以，在这种平衡的你来我往之中，求人办事不再困难，人际关系也会更加和谐。

求人办事不如激"将"上阵

俗话说，"水激石鸣，人激志宏"，求人办事，也不是只有顺着对方、一味好言好语之法，反其道而行之，采用激将法上阵，往往会收到意想不到的效果。激将法，是根据人的心理特点，让对方在某种情绪冲动或鼓励之下，做出快速决绝的判断，从而达到自己的目的。

求人的方法千千万，因人而异，有人喜欢听软话，对于赞美之词、阿谀奉承没有免疫力，但是也有人不吃这一套，需要采用刺激的方法，激发他的自尊心。

当你在求人帮忙遇到瓶颈时，为了改变对方原有的态度和立场，尝试着用一些略带贬损的话语攻击对方，给他罩上一顶他不喜欢的帽子。为了摆脱这顶帽子，对方势必会尽力维护自己的形象，从而否定自己之前的态度，表明立场，证明自己不是这样的人。进而，你的目的也就得以实现。

唐代天祐年间，朱全忠叛变，他用奸计诱骗五路兵马，攻打驻兵太原的唐晋王李克。朱全忠的队伍中有一勇将，名叫高思继，此人骁勇善战，智勇多谋，但是叛军最终还是被晋王擒获。晋王本来有意留高思继为其效劳，但是高将军提出想要回老家山东种田养鸡，晋王只好如他所愿。

两年过后，朱全忠又东山再起，发兵来犯，并且又得王彦章一勇将。晋王再次陷入困境，军中无人愿意迎战。晋王痛苦，无计可施。长子李嗣源对晋王说："曾经投降的将领高思继赋闲在家，如今他已改邪归正，和那朱全忠早已分道扬镳，何不再次请他出山？"晋王大喜，于是派李嗣源前去求将。

李嗣源到了山东农村，高思继直接表明态度，说已无出山作战之意。李嗣源知道高思继是个犟脾气，再吹捧他也是无济于事。于是李嗣源反其道行之，说："朱全忠手下有一猛将王彦章，我与他交手败下阵来，告诉他山东有一盖世英杰高思继，可这个王彦章却嚣张地说，若是你高思继来了，定要将你剁成肉酱！"

高思继听到这里，火冒三丈："快备马来，待我去生擒此贼！"如此，李嗣源如愿请得高思继出山帮父皇保住了江山。

每个人都有自尊心、荣誉感，通常情况下，这种情绪被现实生活的琐事所压抑，如果此时有意识地运用反面的刺激性语言，将他一军，反而会最大限度地调动起对方的积极性。激将法的"激"，并非盲目地用反语刺激对方，而是站在道义的基础上，让对方意识到，自己有义务和责任这么做。让他明白你求助的实质是道义的行为。

激将法的使用，也要因人而异，心理学研究表明，人的性格千差万别，并非每个人都适用。要注意掌握时机和分寸，话出口太早，时机不成熟，可能会让人泄气。说得太迟，又失去了它的效果。语言的用词深浅都会影响到说服的成果。

心理学上讲，每个人的心理并不是一成不变的，它会随着时间、空间的转换和具体情境的改变而发生变化，因此我们在求助于人的时候，需要准确把握好对方的心理变化。知道何时的他受用于激将法，否则会适得其反，得罪人招来麻烦。

激将法的使用有很多方式，有些重要的原则不能违背。首先，绝对不能说伤害对方自尊心的话。自尊一旦被触碰，造成的后果有时难以掌控。其次，要自然流露，不能夸大其词。过分褒扬和贬损，都会给人虚假的感觉，肯定不会得到帮助。

老话说得好，"请将不如激将"，但是激将法的出发点，要带有道义性、正确性，毕竟是有求于人，应该是出于对他人的尊重和信任。言辞不可过于尖刻，真的引人反感并不是我们想要的结果。激将法的心理原理在于世人都爱面子，需要别人认同自己，在求人时利用人性的这一弱点，方能事半功倍。

诉苦，激起对方的同情心

著名思想家荀子曾经说过："登高而招，臂非加长也，而见者远；顺风而呼，声非加疾也，而闻者彰。"何以做到如此？此乃借助了外界的力量。登高者，借助了地势之高，所以能够看到很远地方的人和物；顺风者，借助了风的力量，所以能够听见很远处的声音。

生活中，没有人是孤立的个体，难免会有用人之处。如何向他人请求帮助，还不被拒绝，这是一门学问，需要掌握一定的技巧。诉苦，是求人办事的一种方法。这种方式是借鉴了心理学的研究，人类都有同情心，是感性动物，对于他人遭遇不幸这类事情，通常都会降低免疫力。

向他人诉苦，也很容易拉近彼此之间的距离，让一些请求更容易开口。心理学研究发现，人们对于比自己境遇不好的人和事都会散发出如同母爱一般无私的情感，非常乐意伸出援助之手。这在一方面可能来自善良的本质，但是更多的是来自内心优越感的一种满足。因为在给不幸之人施以援手的时候，恰恰体现了自己的幸福和高尚，满足了自我虚荣心。因此，人们在求人办事时，正好可以利用人类的这种心理，向其大诉苦水，以激起对方的同情心，达到自己的目的。

老李和老王是邻居，关系处得一直还不错。老王家老两口都是公务人员，退休后都有不菲的退休金，儿女们也都有很好的工作，基本上衣食无忧。而老李一家，则是三代人同住一套房，老两口仅靠出门扫大街赚些生活费，还要贴补小孙子的上学钱。儿子送快递，儿媳给人家做保姆。一家人的生活虽不说艰难，但也是紧巴巴的。

天有不测风云，人有旦夕祸福，老李在打扫卫生的时候，一头倒在路边，被送往医院后，检查出是腰椎间盘突出，亟须动手术，否则以后任何重活都干不了，还要终日忍受疼痛。可是手术费用高达六万块，家里人犹豫了。

老李的老伴看着一家人愁眉不展，想到了对门老王，于是鼓足勇气登门造访。一进门就是愁云满面，拉着老王太太的手，抽泣地说了自家的情况，又提到小孙子马上上小学，又得一笔钱，儿媳的主人家对她也是不太好，儿子风里来雨里去，挣点钱实属不易。如今老伴又摊上这么档子事，日子真是捉襟见肘。

老王太太听到这里，眼泪都要流出来了，拍着老李太太的手背说："大妹子，别太难过，有困难跟老姐姐我说，我家还过得去，需要钱吱声，手术可得抓紧做。"老李家的难关终于在老王的帮忙下解决了。

向他人诉苦水以博取同情，这一方法在使用的时候，最重要的一点，就是真实。我们不是用谎言来骗取对方的同情与帮助，而是将自己的实际情况告知对方，把内心的苦闷说出来，用移情的手法，达到让其感同身受的效果。

诉苦水，博同情，赢帮助，并不是一件可耻的事情，心理学上讲，人正因为有同情心才称得上是人。世界也因为有同情心，才更加美好。我们在渴望得到他人帮助的时候，运用谈话技巧，无可厚非，解决问题是最终目的。

有求于人，就有必要了解对方的心理，放低姿态，实事求是地表达自己的艰难情况，以换取对方的同情心，进而获得帮助，这合情合理。关键在于我们不得利用他人的同情心为自己的失误买单，我们只是希望能够最大效率地得到帮助，渡过难关，而非占人便宜。

谁都不想有求于人，但是世上的事风云变幻，你我之间，千丝万缕，一个人成不了英雄，我们都需要他人的帮助才能完成事业。求人帮忙，不是丢人的事，要学会掌握方法。巧用心理学的技巧，施以诉苦，以换援手。

戴高帽，让对方无法开口拒绝

有句俗语"万事不求人"，但是经过数百年的验证，这不过是一句不现实的假话。人生的成功离不开他人的帮助，为了达到某些目的，我们必须要有求于人。求人办事，就是在利用各种社会人际资源，借力完善自我。

人行于世，很多事需要仰仗他人，但是对于不同的人，求人帮忙的结果却大为不同。有的人磨破嘴皮跑断腿，也不见得能够求得一丝援助。而有的人却能够手到擒来，马到成功。这其中的奥妙就在于求人者的方法运用是否得当。

心理学研究发现，大多数人都喜欢听赞美之词。俗话说"伸手不打笑脸人"，好话一般不会让你吃闭门羹。给对方戴高帽，通常他就会不好意思开口拒绝。"戴高帽"是一句俗语，通常把当面奉承让人高兴的话叫作"戴高帽"，多带有一些讽刺的意味。

要想在求人相助的时候使用好"戴高帽"这一招，需要正确使用。夸赞表扬别人，说漂亮话让人高兴，满足他人虚荣心，本来无可厚非，但这帽子不宜戴得过高过大，否则容易给人虚假的感觉，遭人嫌弃。

而戴高帽，首先要做到的就是微笑。微笑，不花你一分钱，却可以创造巨大的财富。心理学研究表明，微笑是全世界的通行证，它可以建立人与人之间的好感，求人帮忙恰恰最需要赢得对方的喜欢。当你对人微笑时，不管你提出什么要求，对方最起码会选择认真聆听。得到诉说的机会，你就成功了一大半。

李红是公司的销售代表，在和一家公司洽谈生意时，了解到对方总经理是一个非常注重仪表的男士。于是她在出席每一次和对方公司洽谈的会议时，都十分注意着装，并且总是笑脸相迎，做到端庄大方。

李红的衣着打扮、行为举止得到了对方的好感，在众多公司销售代表中脱颖而出，被选中进一步详谈。在一次酒会上，李红端起酒杯来到对方公司总经理身边，她知道该经理名叫"有道"，于是她借题发挥，大加赞扬道："早就耳闻总经理的能力非凡，今日一见，果然非同凡响。贵公司在您的带领下肯定会芝麻开花节节高，正所谓经营有道，岂有不兴旺之理？"

对方总经理听到这话，自然是乐开了花。后续的合作谈得也是顺风顺水。李红成功地拿下了这笔订单。

莎士比亚曾经说过："假定一种美德，如果他没有。最好是假定，并公开地说，对方有你要他发展的美德，给他一个好名誉去实现，他便会尽力去做，而不愿看你失望。"人的潜能有时候是他自己都无法察觉的，所以，当你给他戴上高帽时，他会很愿意顺着你的期望发展下去，你也就实现了自己的目标。

幼苗想要长成参天大树，仅靠自己的力量还远远不够。它必须要借助大地的土壤，阳光的滋养，雨露的浇灌，才能茁壮成长。一个人本事再大，也不可能完成所有的事务。为人处世，只有善求善借才能常赢，借他人之力，圆自己的梦，这才是人生赢家。

戴高帽的方式有很多，首先你要找对话题。好的话题可以将你与被求助者的距离从天边拉到零。通常，关于被求助者的经历、他所喜欢的事物，或者是他所取得一些成绩，都是非常不错的开场话题。很容易让对方对你产生好感，放下戒备。

最后，这帽子需要在客观事实基础上加以修饰，搞不好就会赔了夫人又折兵。找住对方的一个优点、成就，稍加恭维，适当夸大，让人听起来不觉得虚假为最佳。

求人的过程就是说话的过程，要想方设法在言谈之中获取对方的好感。中国人做人讲究谦逊友好，这其实就是给人戴高帽的基础。人的内心不排斥对自己示好的行为，它对自己或多或少有些自信，但是中国人内敛的性格造成我们的自信需要他人的激发。明白人的这种心理需求，在求人中巧加利用，任何问题都不再困难。

软磨硬泡能迫使对方妥协

凡事讲究一个"恒"字，水滴则石穿，求人办事也是同样的道理，很多时候，都是软磨硬泡磨出来的。"磨"是一种用消极形式争取积极效果的行为，体现了求人者不达目的誓不罢休的决心和毅力，进而这种精神会感染对方，使其转变态度，伸出援助之手。

俗话说，"好事多磨"，求人办事，多登几次门，多谈几回话，没有什么不好意思，更不要觉得有些羞愧，放得下架子，才能占得先机。更多的接触机会，方能给你更多的时间阐释自己的需要和态度，对方也才更有可能接纳你。

求人办事并非总是一帆风顺，被求者有时候会用各种理由搪塞你，敷衍你，找各种理由借口躲避你。面对这种情况，脸皮薄一点的人很容易就打退堂鼓，觉得再去请求就有些失面子、死皮赖脸了。正因为大多数人都这么想，所以只有当你打破这种固有心理，勇敢多走一步时，才会看到成功的曙光。

农村有句土话，"会哭的孩子有奶吃"，只有不断地哭喊，才能让大人知道你的饥饿，才会给你喂奶。求人同理，软磨硬泡的确会在最开始的时候引起对方的不满，但是当你一而再、再而三地这么做时，对方也会担心长久受你的打扰而妥协。

曹凯是个农村娃，进城后找的第一份工作就是推销员，而且是那种上门入户的推销工作。曹凯的公司生产菜刀，主要销售对象就是家庭主妇，因此曹凯需要走到小区里，亲自挨家挨户地推销产品。

对于刚到城市打工的农村孩子来说，还没有见过什么世面，因此难免会有些露怯。曹凯第一次敲门，就吃了个闭门羹。人家通过猫眼看到是一个陌生人，二话不多说就将他拒之门外。好在曹凯不是一个脸皮薄的人，一次失败并没有打击到他。

第一天全军覆没，曹凯没有灰心，第二天又把之前的所有住户问了一遍，依然是热情的态度，却得到了一样的结果。第三天，他还是照去不误，第四天、第五天、第六天，一个星期过去了，终于，有五户人家受不了他的软磨硬泡，也是被他的毅力打动，购买了他的菜刀。从此，曹凯的生意就此打开，越来越顺，成了公司的销售冠军。

推销员在推销产品的时候，必然会遇到客户的拒绝，一次又一次的打击，不是每一个人都能够承受得下来，只有毫不气馁地、持之以恒地坚持，客户才会有可能被你打动，购买你的商品。软磨硬泡虽然在这个过程中，会招人讨厌，但多次之后，就会使得对方心软，他们就会干脆地答应你的请求。

软磨硬泡就是利用人类的情感，通过"磨"的方式，消磨对方的耐心，累计心理负担，当达到一定程度时，对方就只好做出让步，满足你的请求。"磨人"虽然有效，但是也要适度。首先，软磨硬泡要善于忍耐，有高度自控力。耐心能够帮你在面临一次次被拒之后仍能继续前进，自控力能够助你在多次冷嘲热讽之后依然具有良好心态。

求人并非要你失去自尊，也不是让你过分自卑，求人办事脸皮厚一点没什么，但不能够不要脸。磨，不是要无赖，而是善于运用软的手段去感化对方，消磨对方的意志，以促进事物向好的方向发展。这就好比是愚公移山，不急于求成，但是抓住机会，不能轻易松手，锲而不舍之后，方能见效。

所以，当你软磨硬泡地将自己的请求诉诸对方时，他会仔细思考此事的重要性，也会对坚持不懈的你刮目相看，最终愿意助你一臂之力。巧用心理学道理，求人不再是难事。

第六章
迂回社交,巧妙化解社交活动中的难题

遭遇尴尬，你能灵活化解吗

我们每天重复着平淡的日常生活，做着平凡的事情，我们并不完美，所以偶尔会遇到一些有损形象的尴尬事，光鲜亮丽的明星和名人也不例外，更何况我们这些平凡人呢？

早期的喜剧演员切维·切斯在参加一个晚宴时，结结实实地摔了一跤，但是他从容地从地上跳起来，继续往前走，好像什么事都没有发生过。其实，周围的人并没有认为这是尴尬，那是因为切维·切斯的身份特殊，他是一个喜剧演员，平时故意摔跤博观众一笑的事做多了，周围的人也不会把他真的摔跤这件事放在心上。但是，如果这件事发生在我们身上，便会觉得有些尴尬了。

在现实生活中，我们会遇到各种各样尴尬的状况，比如大笑的时候发现牙齿间有残留食物、吃饭时不小心喷饭……遇到这些情况，你是否能巧妙化解呢？

李姐今年四十多岁，在办公室里，她被公认为是块活宝。因为只要有她的地方，便会笑声不断。有时候，两个同事已经到了剑拔弩张的局面，她简单的一句话也会让双方怒气全消。

一个星期天，因为公司加班，同事小赵只好把儿子带到了单位。这是个比较淘气的孩子，在办公室里东跑西跑，一个不小心，把另一个同事的杯子碰倒了，杯子里的水把桌子上的文件浸湿了。

这个同事虽然没有生气，但小赵还是把儿子打了一顿。孩子的哭声响彻了整个办公室。

这时，李姐"噌"地从椅子上站了起来，指着小赵的鼻子大叫道："你怎么能打孩子呢？你的手怎么这么欠啊？"

第六章 迂回社交，巧妙化解社交活动中的难题

小赵也正在气头上，被张姐这么一骂，两眼直冒火，想发作但是又不知道说什么好。

李姐指着孩子对满脸通红的小赵说："你知不知道你这一巴掌的作用啊？这孩子原本可以成为像牛顿一样的科学家，你这一巴掌打下去，可能会把好端端的科学家打没了。"

李姐话音刚落，周围的同事便哄堂大笑起来，小赵也不好意思地笑着说："科学家？他要是有那样的脑袋，我就不会这么操心了，不过，希望这孩子真能像李姐你说的那样啊。"

李姐可能也意识到了自己批评小赵的话有些重了，于是，当双方的处境都很尴尬的时候，用一句玩笑话巧妙地化解了即将发生的不愉快。

其实，化解尴尬的方法有很多，比如：

（1）用风趣幽默来救场。

很多时候，别人的一句话或者一个举动会使自己处在众目睽睽之下，这时，幽默可以化解自己眼前的尴尬局面。在交际场合中，适当地运用幽默不但可以让自己的难题迎刃而解，更重要的是可以提高自己的人格魅力。

（2）用自嘲找到出口。

很多时候，交际场合的自我嘲讽是为了化解自己眼前的困境或尴尬，聪明的人不会让自己陷入两难的境地，他们总能在尴尬之处找到出口。面对别人的无理请求也可以做出自嘲，这样就能让别人知难而退，懂得取舍。

（3）转移话题，避其锋芒。

当对方尴尬的时候，时间延续得越长，对方就会越尴尬。此时，如果你能巧妙地圆场，将话题转移到其他问题上，让对方顺势而下，也不失为一个好办法。

每个人都会有遭遇尴尬的时刻，不要因此而怪罪自己，忽视尴尬是没有用的，灵活处理你的尴尬，把尴尬降低到最小才是最主要的，哪怕

只是说上一句"好尴尬",也会让情况好很多。

批评声也可以变得"动听"

中国有句古话,"良药苦口利于病,忠言逆耳利于行",劝诫和批评虽然不容易被人接受,却是对人有益的。我们身边的每个人都喜欢听到赞美的话,对于来自外界的批评,即使心里明知自己有错,但碍于面子,也会感到难为情而不能心甘情愿地接受。

成功的批评,不仅可以使对方认识到自己的错误,更可以使其心悦诚服地接受你的意见和建议并加以改正。批评也是一种艺术,也要讲究方法。一个有修养的人,懂得让自己的批评声变得动听,在给予他人指正的同时,展现自己的涵养。

小东是一个小学六年级的学生,由于考试前一段时间没有好好地听课和认真复习,导致成绩很不理想。

在考试后的第一次班会上,班主任王老师不仅当着全班同学的面严厉批评了小东,让他当众对自己的表现和考试成绩进行检讨,而且还把小东的家长叫到学校办公室,向家长数落小东的学习态度问题。

当然,王老师的初衷是好的,毕业在即,他希望每一个同学都能以最优异的成绩毕业。但是,对小东来说,他觉得在全班同学面前丢了面子,回家还要受到父母的责备,心里很是难受。虽然他知道是自己的错,但心里还是暗暗地埋怨着王老师,觉得他小题大做,过于严厉,因此产生了逆反心理。

同样的情况,一个懂得体察学生心意、维护学生自尊的老师,会在学生成绩不理想、情绪低落的时候,把他叫到办公室,仔细询问,让他自己检讨考试失利的原因,之后指出他学习态度和方法上的错误,并给予鼓励和指导。或者在一番教育之后,与学生做一个小小"交易",允诺下次考试取得好成绩便会给予他表扬或奖励,这种方法不但不会打击学生的学习兴趣，还会给学生以信心和动力。同样是批评指正，方式改变，犯错者的接受程度也大大改变了。

在批评他人之前，要提醒自己，批评的主要目的是让对方正视自己的错误，改正错误，并且引以为鉴。如果我们不顾及对方的感受，不讲策略地指责一通，往往会让对方难以接受，并产生抵触心理，这样就不能达到批评他人的初衷。因此在人际交往中要掌握技巧，让自己的批评变得幽默一些，委婉一些，这样既能维护被批评者的自尊，达到劝诫的目的，又可以为自己树立良好的形象。那么，如何才能让自己的批评声变得动听、易于被他人接受呢？

（1）不咄咄逼人，态度要诚恳友善。

批评犯错误的人，我们应该怀着一颗谅解宽容的心和善意指正的态度，这种与人为善、替对方着想的心态，更利于工作的开展，是帮助他人改正错误最重要的开端。

（2）学会委婉，巧妙暗示。

不管是关系多么要好的人，直接指出对方的短处，批评对方的错误，都难免会使对方感到难堪。在日常交往中，如果能够设身处地考虑对方的面子，采用一些婉转的方法去批评对方，巧妙地给出改正建议，对方不但保存了面子，心理上也能心悦诚服，对批评者心怀感激。

（3）采用先褒后贬的技巧。

直言不讳，固然坦荡，却往往会不小心"恶语伤人"，甚至破坏人际关系。这时，就需要运用先褒后贬的语言技巧，先肯定对方在这件事上做得好的地方，适当地夸奖而不是一概否定。然后再委婉地提出指正和建议，"如果能怎样，就更完美了""虽然已经做得很棒了，但是如果怎样肯定更厉害"，这种巧妙的批评，在使对方认识到错误的同时，还能起到一种很好的激励作用，令对方欣然接受。

把批评声变得动听，关键是要学会换位思考，考虑对方的感受。同时，避免直言不讳，改变批评的语气，委婉的建议才能使批评更易接受，效果自然更好。动听善意的批评能为我们的形象加分，也更利于双方感情升温。

打圆场的"社交"艺术

所谓打圆场，指的是当双方因争吵或一些不愉快的事情而处于尴尬境地时，和事佬出面站在第三者的位置上，帮助双方化解这场争吵，最终消除争端。打圆场是从善意的角度出发的，以特定的话语去缓和紧张的气氛，是调节人际关系的一种语言行为，在日常生活中有着积极的意义。

日常生活中，打圆场的情况很常见。例如，有些时候，产生矛盾或分歧的双方争执不下，为了各自的面子，谁都不甘示弱，这时，便需要和事佬大展自己"打圆场"的才能了。

可别小瞧打圆场的作用，打圆场运用得好，可以融洽气氛、缓和矛盾、平息争端，有利于消除尴尬、打破僵局、解决问题。俗话说，"救场如救火"，适当的时候出来打个圆场，救了别人的场，何乐而不为呢？

唐志国经营着一家面馆，店里服务员少，所以，虽然他是老板，但在遇到服务员忙不过来的时候也会去店里帮忙。

一天中午，店里有很多顾客，一位中年妇女等了好半天才等到了位置，不大一会儿，服务员端来一碗她刚刚点的面。中年妇女看着端上来的面条想先尝一口汤，可能是汤的味道刺激了她的呼吸道，只见她"阿嚏"一声，唾沫和着汤同时喷在了对面坐着的一位男顾客的身上和碗里。

对面的男顾客站了起来，气冲冲地朝着中年妇女吼道："今天我真是倒霉，碰到你这么个乱打喷嚏的人，今天这饭看来是没法吃了。"

中年妇女连忙为自己的不雅举动向对方赔礼道歉，对方见她态度诚恳，不再说什么了。谁知，中年妇女朝着刚才给她端面的服务员喊道："我告诉过你不要放辣椒的,你为什么还在面里放了辣椒?找你们老板来,你们不但要赔偿我的损失,而且还要赔那位先生的饭钱!"

服务员忙找来厨师,想让他证明面里没有放辣椒。

一个说放了,一个说没放,中年妇女和厨师吵了起来,当时围观的人很多,大家七嘴八舌闹得沸沸扬扬。唐志国一看这个情形,心想:如果再这样闹下去,今天就做不成生意了。于是,他赶忙走到中年妇女桌旁说:"大姐,今天这事儿就算啦!这顿饭当是我请了。厨师,再下两碗面,和气生财嘛!"

听老板这么一说,中年妇女倒觉得有些不好意思了,当两碗面重新放到她和那位男顾客面前时,大家竟像老朋友那样聊起天来。此后,他们都成了这家面馆的老顾客了。

如果唐志国不站出来打圆场,相信中年妇女和厨师还会争执不休。可见,当双方都陷于尴尬境地的时候,如果有人能从旁边巧妙地打个圆场,紧张的气氛就会变得轻松,人际交往也会顺利多了。

打圆场看似容易,实则并不简单,它不仅需要使用者灵敏机智,而且也需要掌握一些技巧。

(1)说明事情真相,引导双方自省。

当产生矛盾的双方互不相让的时候,和事佬应客观地说明真相,不要发表任何评论,让双方从真相中去进行自我反思,找出自己的缺点或错误,适时引导他们多做自我批评,直至矛盾解决。

(2)调虎离山,暂时熄灭战火。

有些争论如果不加以制止,很可能会发展成争吵。这时,和事佬应当机立断,找借口把其中的一人支开,让他暂时摆脱这个环境。等双方气消了,冷静下来之后,争执也就趋于平息了。

(3)转移注意力,岔开话题。

当双方为一些非原则性的问题争执不下时,不妨换个思路,岔开话题,转移争论双方的注意力。

打圆场是一种说话的艺术，它并不是不着边际的奉承，更不是油腔滑调的诡辩。学习并掌握这种艺术，注意在特定的场合中"察言观色"，适时得体地打圆场，能有效地摆脱尴尬和烦恼。

不按常理出牌，往往能出奇制胜

按常理来讲，人们在思考问题的时候，通常都习惯沿着事物发展的正常方向来寻求解决之道。循规蹈矩的思维和按照常规的方法解决问题虽然更直接，但容易陷入刻板教条的僵局，无法巧妙简洁地解决问题，尤其对于一些特殊问题，换个角度想想，打破常规想办法，不按常理出牌，往往能克服考虑不周、拘泥守旧的障碍，收到出人意料的效果。

对于人际交往方面，不按常理出牌更多地体现为一种逆向思维，从对方出发，从结果出发，"反其道而思之"，对司空见惯的事物反过来重新探索，实际上就是以"出奇"去"制胜"。不按常理出牌是对传统、惯例、常识的反叛和挑战，它能够克服思维定式，破除由经验和习惯造成的僵化的认识模式。

任何事物都具有两面性或多面性。由于受过去经验的影响，人们容易看到熟悉的一面，而对另一面却往往视而不见。不按常理出牌则能够克服这一障碍，出人意料，给人以耳目一新的感觉。

一位退休老人因为喜欢清净，所以，在海边买下了一套房子。房子虽然简陋，但是这里依山傍水，老人很是喜欢。

在刚住下的前几个星期里，早晨起来晨练，中午小憩一会儿，晚上看看日落，生活好不惬意，老人很是满足。然而好景不长，三个孩子的突然出现改变了老人宁静的生活。

离老人房子不远处有一所学校，每天放了学，便有三个孩子到老人房子的附近踢垃圾桶玩，老人每天都在噪声中郁闷不已。有一天，终于再也受不了了，老人决定去和那些孩子谈一谈。

按照一般人的思维，老人一定会教训孩子们一番，然后警告他们不要再踢垃圾桶。但是老人并没有那样做，而是心平气和地对孩子们说："孩子们，你们玩得真开心，我真为你们感到高兴，如果你们每天都来这里踢垃圾桶，我会每天给你们每人一块钱，你们觉得怎么样？"

听到踢垃圾桶还有钱挣，三个孩子高兴极了，于是更加卖力地踢着垃圾桶，当然，他们每人每天能从老人这里拿到一块钱。三天后，当孩子们踢完垃圾桶又来老人这里拿钱时，老人忧愁地对他们说："对不起，孩子们，因为通货膨胀减少了我的收入，从明天起，我只能付给你们每人五毛钱了。"

孩子们虽然有些不太高兴，但还是继续每天踢着垃圾桶。一周后，老人略显无奈地对孩子们说："最近我没有一点收入，对不起，以后每天只能给你们两毛钱了。"

"两毛钱？"一个孩子阴沉着脸，大声地说道，"我们才不会为了两毛钱来这里给你表演呢，走，咱们不干了！"

从此以后，老人又过上了安静的日子。

如果老人直接警告孩子们不要踢垃圾桶，可能会激起无知少年的逆反之心，不但解决不了问题，说不定还会使问题更加严重化。而老人正是运用了"反其道而行之"的办法，不按常理出牌，才顺利地解决了眼前的问题。

不按常理出牌对我们消除人际关系上的困惑与矛盾有非常好的效果。有时候，不按常理出牌可能是借题发挥，可能是顺势引导，或说出一些或做出一些对方意料之外的言语或行为，也正因为此，正好打他个措手不及，最终使我们成功地占据上风。

在与人沟通时，当我们受到对方的攻击，可以不直接从正面回答，而是借助对方提供的话题进行还击，出其不意，从而改变沟通的局势。当然，能否借对方的话题为己用，取决于我们的思辨能力。

谁说"拒绝"一定会伤人

拒绝人最常说的一个字便是"不"字,"不"这个字写起来容易,要想说出口却特别难。有时候,朋友向我们借钱,我们总是无法拒绝,怕说了"不"会伤了对方,更怕与对方日后会出现隔膜。于是,久而久之,周围的人便知道你是一个"乐于助人"的人,一有困难便会请你帮忙。

其实,不会拒绝的原因有很多,例如:

性格软弱。人善被人欺,马善被人骑,一个人太过软弱了就容易被人欺压,其中就包括经常性地求你来帮忙。

太过老实。一个人太过老实就不懂得拒绝,凡事都是谦让忍耐,不让则已,忍让便成了习惯。

碍于面子。大家平时关系都不错,他求你帮忙,你认为没有理由拒绝他。但是时间长了,他会认为这件事理所当然地成了你的职责,而不会有任何的感激之情。

职责不清。在工作中职责不清时,这件事可以你做,也可以他做,别人就有可能拿来要求你做。而一旦你接下这件事,以后这种事就都是你的了。

迫于压力。求你办事的人太过强势,例如你的领导,长时间在这样的压力和恐惧心理下,会形成逆来顺受的心理。

郭晶最近觉得心理负担特别沉重。因为是公司的后勤主管,平时工作很忙,有时,她需要同时帮助三个部门协调工作,结果每天都忙得团团转。郭晶是个乐于助人的人,每当有同事遇到解决不了的困难时,她都会放下自己手中的事情去帮助对方。时间一长,很多同事只要一遇到困难,便会找郭晶帮忙,她又不好意思拒绝,结果,每天都要加班到很晚才能回家。

因为经济条件不好，郭晶和丈夫与婆婆、小姑住在一起，婆婆挑剔，小姑事儿多，为了把家庭矛盾降到最低，郭晶常常是上了一天班，回到家后还要洗衣做饭。每到周末，则会陪小姑上街买衣服当参谋。这样，一周下来，她没有一天的休息时间，甚至不能抽出一个小时的时间去看看自己感兴趣的书。日复一日，郭晶感到生活疲倦，工作繁重，健康亮起了红灯，内心苦恼不已，但她却不知该如何解决。

现实生活中，像郭晶这样的人很常见，当别人提出要求时，不好意思拒绝，到最后，把自己累得疲惫不堪。其实，体谅对方是必要的，但若只是一方一味地忍让，这样的关系迟早会破裂。所以，如果自己不愿意，就不必勉强自己，一旦勉强自己，你就会感觉不快乐，违背了自己的心意，这件事反而会成为你的负担。

要想长时间维持良好的关系，学会拒绝是十分必要的。虽然拒绝人时有可能会令彼此间产生嫌隙，但高明的拒绝方式并不会伤害对方。

当别人向你提出请求时，不要立即答应，你可以婉转告诉对方："我需要考虑一下再回答。"

当对方因为你不肯帮忙而闹情绪时，你可以用笑脸来化解而非在原则上退让，用良好的态度来化解他的怨气。

此外，你还可以站在对方的角度提出建议，在拒绝自己不该做的事情的同时也帮助对方找到更好的解决办法。

没有勇气说"不"，你就会活得很被动。因此，当你不愿意时，要勇敢地说"不"！拒绝对方时，尽量委婉、平和，说明你要说"不"的原因，并把自己塑造成有原则的人。

第七章
顺应人性,社交当中的你更能招人喜欢

不要抱怨他人的自私

我们在日常生活中总会听到别人在抱怨另一个人是怎样的自私，可是在你抱怨别人自私时，你是否明白自私的含义呢？

自私在新华字典中是这样解释的：自私，是指只顾自己的利益，不顾集体（国家）和别人的利益。有句古语说道："人不为己，天诛地灭。"每个人活在这个世界上都会经历一个选择，要么选择别人要么选择自己，总得有一个人的利益遭受损害。所以不要总抱怨别人的自私，那只是因为别人选择了自己而没有选择你而已，没有任何一个人应该对你的利益负责。

看完《琅琊榜》后相信很多人最喜欢的人物之一就是萧景睿，他曾经说过一句话："凡是人总有取舍，你取了你认为重要的东西，舍弃了我，这只是你的选择而已，若是我因为没有被选择而心生怨恨，那世间岂不是有太多不可原谅之处，毕竟谁也没有责任要以我为先，以我为重，无论我如何希望，也不能强求。"没有任何人该为你负责，所以也没有必要去抱怨别人自私。如果你仅仅是因为别人没有选择你而去怨恨，那你应该考虑一下：为什么别人就应该选择你而不是选择自己呢？每个人都有自己的选择，我们无法改变现实，可是我们可以改变自己面对现实的心态。

不要总是去抱怨别人的自私，因为那是一种浪费时间的行为。在犹太人的《圣经》中曾有这样一则故事：

约瑟夫是家里的第 11 个孩子，遭兄长的嫉妒。由于家乡闹饥荒，在他年轻时便被兄长们卖到埃及为奴，后来做了埃及的统治者。有一年家乡又闹饥荒，于是兄长们被迫到埃及沿街乞讨，刚好遇见约瑟夫。约瑟夫看到自己的哥哥们很是激动，他遣退了身边的人，单独跟哥哥们讲话，他的哥哥们感到不可思议。

他们看着眼前这个高贵大方、威风八面的统治者，竟然不敢说出一句话。他们在想"当初那样对待他，他会不会报复我们"？然而约瑟夫并没有在意当年那件事。他对他们说："当年是由于家里闹饥荒，粮食供应不够，所以必须有人被迫离开家乡出去生活。我又是家里最小的，什么忙都帮不上，所以把我卖出去是理所应当的。把我卖出去还可以给你们换来粮食，让你们的生活有了保障，这是我能为家里做的唯一一件事情，我很开心。现在你们不要因为我被卖到这里而感到难过或者谴责自己，那是上帝为了救我的命而把我送到这里来的。你们看，现在我不是很好吗？"

这个故事是一个非常典型的例子，学会原谅别人的自私，把别人对自己的自私往好的方面想，你就不会再被困扰。其实在这个世界上每一个人都是自私的，因为我们都需要生活，生活迫使我们成为一个自私的人，这是无可厚非的。所以我们要有一颗包容别人自私的心，而不是去抱怨他们。

那么，我们应该如何才能让自己不抱怨别人的自私呢？

（1）在抱怨之前想想自己为什么抱怨。

没有任何一个人该为我们负责，不能因为别人为了保护他的利益放弃我们的利益而去责怪他，我们没有这个权利也没有这个必要。

（2）放宽心态，不要总是往坏处想。

每个人生活在这个世界上都有自己的选择，既然别人选择了自己，我们无法改变这个事实，不如就学着去接受它。道家始祖老子说过："祸兮福之所倚，福兮祸之所伏。"说不定我们现在所受到的伤害以后会变成我们幸运的开端呢，放宽心态，原谅别人的自私。

（3）学会谅解而不是抱怨。

原谅总比抱怨会让人感觉幸福，与其花费大量的时间去抱怨别人的自私，不如学会去谅解。让自己放下，才是最好的选择。与其花费大量的时间让自己的心胸变得狭隘，不如放开，或许你会获得更多的东西。

以恨对恨，恨永远存在；以爱对恨，恨自然会消失。面对别人的自私，我们不要去抱怨，学会原谅，或许你会获得真正的友谊。

请原谅那些善于嫉妒的人

嫉妒是由于别人胜过自己而引起抵触的情绪体验，每个人都嫉妒过别人，自己也会成为别人嫉妒的对象，嫉妒是一种源于心里的情绪，我们无法控制它在我们心中产生。亚里士多德曾经说过："嫉妒者之所以痛苦，是因为折磨他的不仅仅是自己本身的失败和挫折，还有别人和成功。"嫉妒是人的一种天性，你之所以被嫉妒是因为你比别人更加优秀。从另一个方面考虑，这也是别人对你的一种肯定。所以我们应该以一种包容的心态去原谅那些善妒的人，让他们的嫉妒成为你成功的垫脚石。

你们还记得"将相和"的故事吗？赵国大将廉颇，军功赫赫，在战场上为赵国立下汗马功劳。食客蔺相如毛遂自荐出使秦国，为赵王拿回了和氏璧，为赵王所重用，被封为"上卿"，位分高于廉颇。廉颇对此很是嫉恨，他对别人说："我廉颇战无不胜，攻无不克，为赵国立下汗马功劳。而他小小的蔺相如却凭借小小的功劳爬到我的头上去了，我下次要是碰见他，一定给他点颜色瞧瞧。"

这件事传到了蔺相如的耳朵里，蔺相如就请病假不上朝，免得跟廉颇遇上。有一次蔺相如出行，远远就看见廉颇骑着高头大马而来，于是蔺相如赶紧叫车夫往回赶，车夫气不过就问蔺相如："先生怎就如此害怕那个廉颇呢？"蔺相如回答道："你觉得廉将军和秦王比起来谁更可怕？"车夫答道："当然是秦王。"蔺相如说道："我连秦王都不怕，难道害怕廉将军不成？我只是怕我们两个闹不合会削弱赵国的力量，让秦国有机可乘。"

后来，这句话传到廉颇的耳朵里，廉颇顿感羞愧。于是他亲自到蔺相如门前负荆请罪。蔺相如受到廉颇的嫉恨不是去反击而是以个人的品德去感化他，化干戈为玉帛，一同携手并进。这个故事告诉我们应该以一颗宽容的心去对待那些嫉妒你的人，也许你会收到意想不到的效果。谅解别人也是对自己的一种肯定。人生是一条很长的道路，沿途会有很多不同的风景，有美丽的也有杂乱的，但只要我们有一颗宽容的心，处处都是美景。

以包容的态度对待那些曾经嫉妒过你的人，给彼此搭建一个空间，或许以后你们会成为更好的朋友。唐代著名的大将郭子仪和李光弼都是节度使安思顺的手下，两人长期不合，彼此嫉恨已久。后来郭子仪代替安思顺成了节度使，李光弼对此很不满，可是这时唐玄宗命令郭子仪带兵去平定安禄山的叛军，李光弼找到郭子仪说："我们两个现在是仇敌，你现在是节度使，我的生死大权在你的手上，要杀要剐悉听尊便。"

然而郭子仪最后选择了和李光弼化解彼此间的嫉恨，共同平叛安禄山的大军。谅解永远比嫉恨更轻松，就好似你给我一个微笑我一定会还你一个微笑，你要是给我一拳我一定会还你一拳一样，这两种情况带给人的感觉是不同的。

那么，怎样去原谅那些善妒的人呢？

（1）拥有一颗宽容的心。

嫉妒是人的天性之一，这是一个无法改变的事实。我们所做的只有以我们宽容的心去容纳对方，这样才不会伤害彼此。

（2）站在对方的角度看待问题。

如果我们站在嫉妒人的角度去思考他们嫉妒的原因，思考他们的感受，或许我们将更能理解他们的心情，更能学会去谅解他们。就是因为每个人看问题的角度都不一样，所以彼此间才产生了隔阂，如果我们站在对方的角度去思考这个问题，或许我们将会更加体谅到他们的初衷。

（3）试着去接近他们。

人与人之间只有互相了解才会发现彼此的优缺点，这样还可以进一步巩固双方的友谊。试着去接近对方，让彼此之间的爱溶解那些因为嫉妒而产生的毒瘤，这样一来，双方的心理距离得以拉近，彼此间的友谊得到巩固。

请原谅那些善于嫉妒的人，以包容的态度去对待那些曾经嫉妒过你的人，给彼此搭建一个空间，或许以后你们会成为更好的朋友。

遭遇背叛，与其愤怒不如一笑

在人生这条蜿蜒曲折的道路上，我们都会经历背叛，我们会伤心会愤怒，但是我们更应该学会的是去谅解，谅解那些背叛我们的人。人生就像一列火车，总会有人下车，我们不必怨恨每一个下车的人，而是应该去释怀，去祝福，希望他们能找到更舒适的列车，沿途看更美的风景。有句诗道："相逢一笑泯恩仇。"让我们对背叛释怀，一笑而过，相忘于江湖。

曾经发生过这样一个故事：在第二次世界大战期间，英军与德军在进行一夜的激战后，英国士兵德鲁克与一名和他来自同一个小镇的战友与部队失去了联系。他们两个在森林中艰难地前进，去寻找部队。他们又渴又累，长途跋涉了十多天，但是仍然没有找到部队。他们打死了一只鹿，德鲁克把没有吃完的鹿肉背在自己的身上，因为他的年纪小些，力气稍大，他们继续前进去找寻部队。

有一次他们在林中碰上了敌军，经过一场激战后，他们巧妙地躲开了敌人的追杀。就在德鲁克以为安全时，突然一颗子弹穿透了他的肩膀，剧痛从肩膀处传来，他看见战友焦急地跑过来，抱住他，替他包扎伤口。晚上战友一直喊着他母亲的名字，整个人都很悲伤。尽管两个人都很饥饿，但是没有人动身边的鹿肉，他们不知道明天会发生什么，所以不敢轻易

第七章 顺应人性，社交当中的你更能招人喜欢

动那棵救命的稻草。

他们度过了一个饥寒交迫的晚上，庆幸的是第二天早上部队找到了他们。其实德鲁克早就知道朝他开枪的人不是敌人，而是他自己的战友，因为在战友焦急地跑过来时，他接触到战友发烫的枪口，但是德鲁克还是选择谅解战友。他知道战友想独吞那块鹿肉，他也知道战友想活着回家见到自己的母亲，他选择默不作声，在心里默默地原谅了他。接下来很多年他都选择把那个秘密埋藏在心里，就如同把它封闭在一个宝盒当中埋葬在大海里，从不提及。

多年后德鲁克和他的战友一起去祭奠战友的母亲，他的战友当着他母亲的坟墓说出了当年的真相，并为此跪下来请求德鲁克的原谅。德鲁克告知战友他早就知道了事实，他也早已原谅了他。德鲁克的宽容让他选择去原谅背叛他的人，从而获得了更真诚的友谊。

这个例子其实令人受益匪浅，有的时候你最信任的人或许会背叛你，但那只是他的选择，他选择了自己而没有选择你，你不能因为没有被选择而心存怨念。因为每一个人都有自己选择的权利，既然他选择了自己，没有选择你，那就请坦然地面对它，毕竟没有人应该对你的人生负责。让我们以一颗包容的心去容纳那些曾经伤害背叛过我们的人，给别人一条宽敞的大道，总有一天你也会接收到另一个人所给你的大道。

那么，我们该如何去坦然面对别人的背叛呢？

（1）思考他们背叛的原因。

设身处地地为他们想想，为什么他们会背叛我们？每个人只会在触及自己利益的情况下，才会去选择伤害别人。那些背叛你的人，他们或许有一个不得已的苦衷，如果你站在他们的角度去思考问题，或许你会更能谅解他们的背叛。

（2）以包容去化解背叛而不是以仇恨。

背叛往往是最伤人的事情，但如果我们以仇恨的方式去对抗它，换来的就是更多的仇恨。如果我们以爱和宽容去接受它，或许，它回馈给

我们的就是更多的爱。

（3）将曾经的欢乐与背叛做个比较。

我们之所以感到背叛是因为我们曾经信任过，所以被别人背叛时才会有怨恨。一个人没有任何必要非得对另一个人好，他们没有这个义务，所以当别人对你好时你应当学会感恩，背叛你时不应该去怨恨。可能他对你好了无数次，却仅仅背叛了你一次而已。

宽容那些曾经背叛你的人，这既是对他们灵魂的拯救，也是对自己心灵的净化。遭遇他人背叛，与其愤怒，不如一笑，用笑容去原谅，去包容，这样才能彰显你的伟大。这也是社交达人必备的交心手段。

别指望人人都有感恩的心

我们常常被教导：做人要学会感恩，要时常保持一颗感恩的心。然而，与人交往，并不是人人都会有感恩的心，你给予了对方帮助，对方不一定会对你有所回报。这时，你不必去抱怨，即使对方没有回报你，你也要保持一个平和、快乐的心态。

为什么别指望人人都有感恩的心呢？其实，这与对方的素质和修养有关。如果对方的素质较高，那么他必定是一个较为有礼貌的人；然而，如果对方的素质较低，他就应该是一个不懂礼貌的人，在你向他提供帮助后，他未必会向你感恩。

曾经有这样一个故事：

一位朋友在一家乐器厂工作。工作辛苦，工资却少得可怜。后来在他人的介绍下，他娶了隔壁村的寡妇，并且挣钱辛辛苦苦供全家人生活以及两个孩子上学。

每天，他辛辛苦苦工作，得到的工资却少得可怜，勉勉强强地才能支撑全家人的生活。作为家中的顶梁柱，他无怨无悔，一直为整个家庭做着极大的贡献。

按理来说，这样的老公和父亲应该得到家人的感激，但是他的老婆却认为这是他理所应当做的，他的两个继子也认为这种事情不必向父亲感恩。总而言之，他的老婆和儿子从未对他说过任何感激的话。

其实，孩子的很多想法和行为都与父母的教育有关。这两位继子的母亲过分疼惜他们，为了不增加他们的心理压力，她一直对他们说："作为你们的父亲，抚养你们，这是你们的父亲应该做的。"就这样，她从没有想到这种教育会给自己的孩子埋下祸患：她的两个孩子因为不懂得感恩而向老板"借"钱最终被判坐牢。

父母是孩子最好的老师，要想让自己的孩子感恩，自己首先要懂得感恩。在平时的交际生活中，父母的言行举止都在影响着孩子。所以，任何时候父母都不要在孩子面前抹杀他人的善意。要教导孩子们拥有一颗感恩的心，时时、事事感恩。要想使自己平安快乐，一定要牢记：永远不要奢望得到他人的感恩，给予是一种比得到更让人心情愉悦的事情，是寻求真正快乐的唯一途径。

世界古代史上伟大的哲学家亚里士多德曾经说过："理想人会享受助人的快乐。"所以，不用指望人人都有感恩的心，只要在帮助他人的时候去享受过程中的快乐，这样，你在社交中也是成功的。

第八章
完美笑话公式
幽默能够使社交更具有魅力

画龙点睛才是幽默的王道

很多人在说话的时候会情不自禁地讲几个笑话,以活跃气氛,但是,幽默的话语并非越多越好,关键是说到点子上,以画龙点睛最妙。

在人际沟通或访谈、演讲中,总会发生一些意外情况,比如遇到刁难的问题,或者一两句话无法说清楚的事情,这个时候,用一两句幽默的话来应对无疑是上策。这样做不但能化解眼前的尴尬,还能起到画龙点睛的作用,让听众感受到发言者的机智。

1975 年,在巴黎大学的博士论文答辩会上,法国主考官不知是否有意为难陆侃如先生,向他提出了一个非常奇怪的问题:"《孔雀东南飞》这首古诗中,为什么不说'孔雀西北飞'?"这个问题,陆侃如无论是从地理、气候方面进行阐述,还是从诗文当中进行引述都将带来更多问题,不是一两句话就能说清楚的。而且,"孔雀东南飞"的真正原因恐怕未必有人能解释清楚。

只见陆先生不慌不忙地随口答道:"西北有高楼。"这句诗出自古诗十九首,"西北有高楼,上与浮云齐",因此"孔雀东南飞"。这一回答看似不着边际,事实上却漂亮地回答了对方的问题。西北方向有高楼,挡住了孔雀的飞行路线,看似无厘头的回答却机智地应付了对方的刁难。

幽默不是小说,不需要时间、地点、人物以及严谨的故事情节,也不需要多么激烈的矛盾冲突,幽默表达力求简洁,三言两语就能起到画龙点睛的效果。

第八章　完美笑话公式：幽默能够使社交更具有魅力

拟人：让无意识的动物替你说话

顾名思义，"拟人"就是把事物人格化，将原本不具备人类动作和情感的事物赋予"人性化"特征。在写作中运用拟人的手法可以让文章更加生动、形象，而在幽默表达中使用拟人修辞，可以将原本不具备自主意识的事物变得更加鲜活、灵动。

俾斯麦不仅是一位铁血宰相，也是一位幽默高手。有一次，他和法官去郊外狩猎，突然从草丛中蹿出一只白兔。法官想炫耀自己的枪法，喃喃自语道："这只白兔已经被宣判了死刑。"

但是枪响之后，白兔并没有被打中，法官非常尴尬。俾斯麦见状微微一笑，然后说道："白兔好像对你的判决不服，跑到最高法院上诉去了。"

听完俾斯麦这句话，法官哈哈大笑，刚才的尴尬也随之烟消云散。

赋予其他事物人性化特征，并与特定语境结合，这种拟人修辞会让幽默表达更有趣，也更容易令人亲近。

在动画片《阿凡提的故事》中，有许多幽默对话使用了拟人手法，充分展现了主人公的机智和风趣。

阿凡提非常聪明，世人对此津津乐道，一位刚上任的县官很不服气，扬言要让他出丑。第二天，阿凡提主动来到衙门，对县官说："我来了！"

县官看到阿凡提是骑着毛驴来的，不怀好意地笑了笑说："欢迎你们两位光临。"

阿凡提听完之后拍了拍毛驴的背，结果毛驴大叫起来，还不停地甩尾巴。阿凡提在旁边说道："毛驴在家说过，它的一位朋友当了县官，非要带我过来看看。"

县官听了这句话，脸涨得通红，说道："那是你的毛驴，跟我有什么关系。"

阿凡提一听这话，打了毛驴一巴掌，骂道："早就提醒过你，你的朋友当了官，肯定会装作不认识你。"

县官气急败坏，又无力反驳，只好灰溜溜地躲进了县衙，而围观的人们笑得前仰后合。

在整个对话过程中，阿凡提和县官都用了拟人修辞手法。不过，阿凡提技高一筹，巧妙地把毛驴和县官当成了朋友，教训了这个自以为是的家伙。

在幽默表达中，借用拟人的手段赋予各种动物"人格"，而后设置特定情境演绎幽默剧情，会让你的表达更加形象、生动，也能让别人更加为之折服。

幽默，穿透人心的魔咒

具有怎样的品质才能更加吸引人呢？有人说是友善、热情、宽容、自信，富有责任感或者富有同情心等，但是人际关系专家指出，在这些特质中最重要的莫过于幽默。

幽默，是穿透人心的魔咒，一个富有幽默感的人能够彰显十足的魅力，给人留下深刻印象。

假如你缺乏展示自我的能力，即使再优秀再能干，也无法引起他人的注意。在有限的时间和空间里，一个富有幽默感的人能充分展示自身的优秀品质和迷人魅力，吸引人们的注意力。

加拿大人斯特·朗宁出生在中国，喝着中国奶妈的乳汁长大。长大以后，他辗转回国，成功竞选为省议员。当时，一些政客在他的出身背景上大做文章，不断诽谤、诋毁他："你喝中国人的奶长大，身上一定有中国人的血统。"

听了这些话，斯特·朗宁没有动怒，而是沉着应对："你们是喝牛奶长大的，据此推测，你们身上一定有奶牛的血统。"这犀利的回击直

第八章　完美笑话公式：幽默能够使社交更具有魅力

指问题要害，让众多对手哑口无言。

如果斯特·朗宁怒不可遏地和对方争执，不但无法扭转尴尬的局面，反而容易给自己抹黑。用幽默的语言作答，这种反击不是更明智吗？面对不利局面，能够保持沉稳，保持绅士风度，控制情绪波动，并用诙谐风趣的语言化解尴尬，这才是社交高手所为。

幽默能够带给你意想不到的吸引力，在你临危不乱、处事有度的背后，人们看到的是你良好的个人修养与风度。

约翰·亚当斯参加美国总统竞选时，遭到共和党人的指控——说他曾派自己的竞选伙伴平克尼将军前往英国挑选了四个美女，其中两个做他的情妇，另外两个则给了平克尼。对此，约翰·亚当斯没有大发雷霆，也没有指责对方满口胡言，而是忍俊不禁地说道："如果这是真的，那么平克尼将军肯定把四个美女都独吞了，一个都没有分给我。"

面对恶意中伤，亚当斯深知解释是徒劳的，而用幽默的语言作答却能起到有效的反击作用。最终，亚当斯凭借自己的机智、才干和幽默感成功当选，成为美国历史上著名的总统之一。

作为沟通的利器，幽默可以用来防御，也可以用来进攻。当然，幽默不是赤裸裸、针锋相对的言语挑衅，而是显示自身口才魅力和办事风度的助手。借助幽默谈吐，无论面对怎样的场景都能从容不迫，风度翩翩。

事实上，幽默是以含蓄、婉转的力量达到预期目的的，经验表明，这种绵里藏针的沟通话术最容易穿透人心，带来警示作用。

设置悬念的幽默方式

设置悬念是比较常见的一种幽默手法，它很像相声、小品里的"设包袱"，即在真正的笑料抖出来之前，要经过一系列缜密的组织、铺垫，一环扣一环地系下"疙瘩"，在最后时刻把这些"疙瘩"通过一句话解开，起到画龙点睛的作用。

由于经过了前边一系列的铺陈，观众已经被深深吸引，所以在悬念化解的那一刻，喜剧效果会非常强烈，让听众印象深刻。

有一次，唐伯虎应邀到一位富商家里为富商的母亲祝寿。席间，他为老太太创作了一幅画，并在上面题诗——"这个婆娘不是人"。众人看到这句诗，惊得说不出话来，富翁也感到非常恼怒。随后，唐伯虎写道："九天仙女下凡尘。"至此，满座宾客长出了一口气，富翁也转怒为喜。

接着，唐伯虎又写出第三句："儿孙个个都是贼。"这句话又让大家感到非常诧异，富翁的脸色立刻变得阴沉了。唐伯虎的第四句跃然纸上："偷得蟠桃献母亲。"看到最后一句诗，满堂宾客无不交口称赞，富翁更是喜笑颜开。

通过这四句诗不难看出，唐伯虎在第一、第三句设了悬念，在第二和第四句又分别解开悬念，前后反差之强烈，令人拍案叫绝。

设置悬念的幽默方式，最关键的是让听众有"山重水复疑无路，柳暗花明又一村"的感觉。这种过山车般的体验足够刺激，而最后完美的结局令人愉悦。

授课结束了，大学教授正准备离开，一位学生站起来说："老师，我很不喜欢听你讲课。"听到这句话，同学们大吃一惊，纷纷把目光投向教授。

显然，教授很纳闷："为什么，是我讲课很无趣吗？还是我讲的内容太晦涩了？或者观点不够深刻？"

这位学生摇了摇头："都不是，因为您经常板着脸，眼睛也瞪得大大的，我专注于听您说了什么，都忘了看自己喜欢的小说了。"话音刚落，教室里一片哄堂大笑。

其实，这位学生本意是称赞老师讲课认真、严谨，但是他正话反说，将大家带入否定的场景中，最后再说出真实的意图。这种表达方式比直白的称赞更有幽默感，也更加令人印象深刻。

通过设置悬念表达幽默并不难，首先，设置幽默悬念要自然，避免被人察觉；其次，中间的铺垫要顺理成章，让听者的思维落入说话人的思路当中；最后，"点睛"要简短，给人一语道破天机的感觉，不能故弄玄虚。

注重场合对象，避免过于随意

幽默无异于快乐的代名词，但是展示幽默口才有许多禁忌，要区分时间、场合、对象，有的人口无遮拦，不仅无法给他人带来快乐，反而会被当作小丑。

注重场合对象，其实是对他人的尊重。古今中外，不乏忽视场合、对象，乱用幽默而招致不必要麻烦的人。这样的教训是非常深刻的。

周幽王为了博得美人褒姒一笑，不惜点燃了战时传递信息的骊山烽火，待各路诸侯带着救兵匆忙赶到，他却轻描淡写地说跟大家开玩笑。诸侯知道被欺骗了，愤而离去。

褒姒看着城下军队混乱的场面笑了起来，这让周幽王开心不已。随后，这个无知的皇帝又多次故技重演，只为博得美人一笑。各路诸侯多次上当受骗，逐渐对周王失去信任。后来，西周遭到外族的入侵，周幽王下令点燃骊山的烽火台，可是各诸侯认为这还是一个骗局，都没有理会。最后，可怜的皇帝被外族的士兵杀死了。

周幽王的目的很简单，就是想让褒姒笑一笑，为此他在不合适的场合开玩笑，最终失信于各路诸侯，葬送了西周几百年的基业。

无独有偶，美国第40任总统里根也因为一句玩笑话，差点引发国际争端。有一次，在国会举行会议之前，里根想试试麦克风是否能正常使用，就随口说了一句话："尊敬的先生们、女士们，5分钟之后，我将宣布对苏联进行轰炸。"

此言一出，举座哗然，议员们交头接耳，议论纷纷。其实，里根没有轰炸苏联的意图,他只是想借试麦克风的机会,调节一下会场的气氛。不久,这句话传到了苏联人的耳朵里,对方表现出了极大的愤慨,要求美国表态,最终,里根总统不得不为这句戏言道歉。

  里根的这句戏言如果由普通人在一般场合说出来,只能博大家一乐,但是,一国总统在国会上这么说,影响力就非同小可了。可见,任何时候都不能乱说话,幽默也不能乱用。

第九章
交际要懂分寸感，尊重他人的心理边界

心理距离效应：交往过密只会伤害彼此

　　心理距离，原本是用于解释美学研究，意指美感的产生，是来自观赏者主观感知与艺术品之间的心理距离。20世纪后半期，该理论被应用到贸易学和人际交往心理学方面，给人以重大的启示。

　　心理学家研究表明，人与人之间的心理距离客观存在，不以人的意志为转移。研究发现，每个人都有一种心理上的警觉，即人的"势力范围感觉"。每个人都会形成一个以自我为中心，向四周扩张的弹性心理防御空间。一旦有人侵入，个人就会感到不适。

　　交友之道，就如同欣赏荷花，只可远观，不可亵玩焉。荷花开在湖中央，亭亭如盖，盈盈欲开，与青翠的湖水交相呼应。荷花的香气伴随清风徐徐飘来，沁人心脾，可谓至臻妙境。然而，若是你划船至湖心，细细把玩那夏荷，则会看到那污浊的泥土，残枝枯叶，腐水囤积，不免失了观荷的雅兴。

　　中国清朝著名诗人、作家蒲松龄说，"天下快意之事莫若友，快友之事莫若淡"。淡，即心理学上所说的心理距离。交往要给对方留有适当的空间，过密的往来，非但不利于友情的升温，反而会伤害到对方的心灵和身体，致使关系的破裂。

　　婷婷和文文是从小长到大的朋友，可谓是无话不谈、形影不离的好闺密。女生之间的亲密无间，表现在吃饭一起、上学一起、逛街一起，上厕所也是一起，当然还包括互相谈论男朋友。

　　婷婷交了一个男朋友李宁，英俊潇洒，为人大方。男女之间谈恋爱，约会是必然，可婷婷和李宁的约会却总是三人行。起初，婷婷和李宁也不觉得有什么不妥，三个人一起逛街、吃饭、看电影，有说有笑，玩得很是开心。

婷婷和李宁的感情越来越好,李宁提出带婷婷去他家吃饭见父母,婷婷开心地答应了,并将这个消息告诉了文文。文文听后高兴地说:"太好了!又可以大吃一顿了!"婷婷愣了一下,文文咧嘴笑着说,"愣着干吗?还不快帮我找件像样儿的衣服!"婷婷不好意思推辞,只好带着文文一同去了男友家。

当李宁开门看到婷婷和文文同时出现的时候,脸一下子就绿了,非常不高兴。李宁的父母看到两位姑娘,一脸的笑容也变成了尴尬。婷婷也觉得有些不适合。只有文文毫不客气地走进屋去,和李宁父母打着招呼。一顿饭在十分尴尬的气氛下终于吃完了。

事后李宁向婷婷抱怨,文文太多地插入了他们的生活,而婷婷又碍于面子以及多年的友情,不好意思拒绝文文。文文又不分场合依然如初地黏着婷婷,将这视为二人友情的附属品。终于,李宁受不了这样一直三人行下去,和婷婷分手了。这个时候,婷婷才真的意识到,文文过度地靠近自己的私生活,带来了多大的麻烦。两个人的关系至此也发生了裂纹。婷婷不仅失去了爱人,也失去了朋友,内心无比伤心。

朋友之间最高的境界,应该像淡淡的清茶,浅浅的溪流,没有过多的要求,没有利害关系,没有是是非非。待人以德、以诚、以知、以道,注意距离的保持,给对方足够的私人空间,适当的距离反而会加深彼此的感情。

两个人面贴面站在一起,谁都无法看清对方的容貌,即便对方美若天仙,你也无法欣赏。交友也是同理,靠得太近,容易给人压迫感,破坏曾经的那份感情,看不到对方的好。并且,每个人都有自己的秘密花园,不愿意被人打扰,过多介入,只能给彼此徒增烦恼,甚至伤害彼此。

心理学家研究发现,产生心理距离效应的原因有二,一是心理饱和现象,二是心理隐秘性效应。每个人都有自己的个性和思维方式,是独立的个体,需要有自己的空间和隐私,即便是再亲密的朋友都不能够将对方完全占有。凡事过犹不及，太过亲密的举动，只会给对方带来伤害，中断你们的友谊。

对朋友的秘密一定要守口如瓶

哲学家、心理分析师尼克尔·普里厄认为，当我们同别人交往时，总是难免会身不由己地背叛对方，这是人际关系的一部分。人们控制不住会泄露自己的隐秘之事给他人，过后往往会感到后悔、内心不安。

当一个人向另外一个人吐露心声的时候，通常是在生活上遇到了不愉快。可能是情感上有了冲突，也可能是工作上的不顺心，亦有可能是和某个人发生了口角。当人在意志冲动的情况下，很容易将内心的一些真实想法和盘托出。作为他人的朋友，倘若你碰到了这样的状况，千万要记住一点，守口如瓶。

虽然，对方是主动或者是不经意间向你吐露了一些鲜为人知的秘密，但是这不代表你可以对这些秘密随意处置，到处宣扬。有些人自信于和朋友的关系亲密无间，朋友的秘密就是自己的秘密，自己愿意怎么处理就怎么处理，不在意你我有别。在和其他人交谈时，毫无意识地就将朋友的秘密脱口而出。

世上没有不透风的墙，事实迟早会传到朋友的耳中，其结果多数是友情走到尽头。秘密，可以说是衡量两个人友情深浅的重要标准，只有知道对方的秘密多，才能说明彼此关系好。但同时，也可以是一枚定时炸弹，因为一旦守不好朋友的秘密，那必然要使二人产生嫌隙。特别是对于朋友嘱托不可告人的秘密，一旦经你泄露，那朋友就肯定走到了终点。

李美和杨迪是一对好闺密，两个人是从小长大的发小。李美因为遗传的原因，一出生，身上个别部位就长有黄色的像瘤子一样的东西，手术也无法治愈。这对于女孩子来说真是痛苦不堪，因此李美长年穿

第九章 交际要懂分寸感，尊重他人的心理边界

长袖长裤，即便是在炎热的夏天。李美这个身体上的秘密，杨迪自然是知道的。

高中毕业后，两个人一起来到大城市打工。情窦初开的年纪，两个人同时喜欢上了一个男生，但是男生只钟情于李美。杨迪心中很是失落，不免会想："如果他知道李美身上长着那东西，还会喜欢她吗？"

李美和男友出去约会，也还是长衣长裤，男友问她原因，她就解释自己怕冷。男友觉得奇怪，就去问杨迪。面对自己也喜欢的人，杨迪觉得只要告诉他真相，自己就有可能得到机会。但是她没有那么做，而是鼓励对方真心对待李美。

后来李美和男友说明了实情，男友欣然接受了这一现实，并告诉李美，杨迪曾经鼓励自己真心待她。李美知道后很是感动，知道这个朋友没有交错。

为朋友保守秘密对于某些人来说，的确很难做到，若是终身为其保守，则更是难上加难。但正因如此，才能够体现友情的力量。心理学上讲，对于秘密的保守，在于对个人秘密、个人隐私的尊重。换句话说，就是要时刻保持和朋友的距离，不打听对方的秘密，知道了也不传播，管住自己的嘴巴，这是你的义务，也是你的权利。

在《创世纪》里，神在伊甸园外，尽管他知道亚当在哪里，但是在每次进园之前，他都必然会喊道："你在哪里啊？"这个典故告诉我们，突然惊扰别人是不尊重他人隐私的表现，对于别人的领地，一定要加以尊重，不得泄露。

对于朋友的秘密，一定要守口如瓶，如何做到这一点，最重要的就是对于他人隐私的尊重。每个人都有自己的私密空间，不容他人侵犯，我们应该尊重并保护他人正当的隐私权利。

心理学上讲，秘密一旦超过三个人知道，则不再是秘密。所以保守秘密的确不是一件容易的事情。为了做到不泄露朋友的秘密，在交友过程中，最好是做到不打听，不询问，不知道的事情自然就不会泄露。如

果不小心知道了，也一定要守口如瓶，让它烂死在心，避免发生祸患。

不要窥探朋友的隐私

朋友之间，窥探他人隐私，不但违反法律，还是对朋友的不尊重。这样的行为，会让你失去朋友，丧失做人的基本准则。在人际交往过程中，隐私问题极为重要，特别是在国际交往过程中，人们普遍讲究隐私，可能你的好奇心驱使你询问的事情并不涉及法律层面，却会给对方留下窥私狂的不良印象。

与人交友，能否尊重对方的隐私，这被看作一个人在待人接物方面是否有教养。因此，和朋友相处，务必要严格遵守"尊重隐私"这一重要原则。不主动挖掘朋友的隐私，其实做起来并不难，就是收起自己的好奇心，管住你的嘴。在言谈话语之中，对于涉及个人隐私的问题，比如婚恋状况、家庭情况、工作收入、年龄体重等，都应该自觉有意识地回避。询问这些问题并不能给对方关爱有加的感觉，反而会徒增尴尬，遭人反感。

小张是湖南人，在上海读大学，毕业后，来到一家外贸公司上班，没想到，主管小李竟是自己的老乡。两人相差没有几岁，又都是同在外地打工的湖南人，自然更加亲近。无论是在工作中还是生活上，小李都给予了小张一定的帮助。

一天，小张看见小李一个上午就跑了七八次卫生间，他想着小李肯定是身体不舒服。于是他凑上去热心地询问。小李苦笑着说没事儿，就是水喝多了。可是小张并不罢休，他非要知道小李究竟身体哪里出了问题。

快下班的时候，小张又跑去问小李，究竟是哪里不舒服，可以告诉他，他有医生同学，可以帮忙看看。小李推搡着谢绝，而小张却不依不饶，同事们都有点奇怪了。就在两个人互相推搡中，小李的公文包掉在了地上，一个小药瓶滚了出来。小张一把捡起来，定睛一看，脱口而出："原来你是前列腺有了毛病，这没啥，我有同学就在泌尿科。"同事们哄堂大笑。小李一把抢过药瓶，气冲冲地离开了。这件事情之后，小张和小李这对昔日的老乡也基本没有交集了。

将"关心他人比关心自己还重"的做法滥施于人，不管是出于好心，还是为了满足自己的好奇心，也不顾对方的反应如何，一味地打破砂锅问到底，极有可能会令对方感到不快，甚至伤害彼此的关系。因此，在和朋友交往中，有必要了解何为隐私，如何尊重、不侵犯他人隐私。

在国际交往中，有一些隐私问题是全球通用，初步掌握这些，把控好谈话时的尺寸，就能够适当避免不必要的尴尬。

第一，不问朋友收入支出。现代观念认为，一个人的实际收入和他的社会地位、人格没有直接因果关系。因此，当问及对方收支情况时，会被认为是在用金钱打量自己，是对人的一种不尊重。相关的隐私还涉及纳税、银行存款、房屋面积、汽车型号、衣服品牌、休闲方式等。

第二，不问朋友年龄。很多人忌讳说年龄，特别是在国际社会。因为每个人都渴望青春永驻，不喜欢听到"老"这个字。你可以记住一位女士的生日，但最好忘记她的年龄。

第三，不问朋友恋爱婚姻。婚姻是个人自由，要对方告诉你婚恋与否、两人如何结识、相处多久、夫妻关系怎样、婆媳关系如何、是否有孩子等情况，对于任何人来说都是不愉快的事情，甚至会让一些不婚族、剩男剩女倍感压力与尴尬。

第四，不问朋友身体状况。这并不是说不关心朋友的健康，而是说问候要点到为止，对于朋友有意回避、讳莫如深的问题，最好不再追问。

除此之外，朋友的家庭住址、个人经历、信仰政见、所忙何事最好也不要随便询问，这些都属于个人隐私，要注意交谈时的分寸。

心理学表明，每个人都有窥私欲，喜欢挖掘别人的故事。每个人也都有好奇心，但是有句话叫"好奇害死猫"，虽说有些言重，但是朋友的隐私，不应该因你一己好奇就被公之于众。我们要正视自己的这种心理，要想在社交中如鱼得水，就要拥有良好的自控力，不随意刺探朋友的隐私。

与人交往，一定要保持适度距离

中国有句古话，"君子之交淡如水，小人之交甘若醴"。真正的朋友之间，是不会像蜜糖一样亲密无间，而是平静如水，保持适当距离。两个人，就好比两条轨道，只有平行，才能走得更远。相交，则意味着关系的终点。

拿破仑说："没有永远的朋友，也没有永远的敌人。"朋友之所以不能够长长久久，很重要的原因在于我们未能掌握好交友的度，误以为将好事做尽，就是对友谊的最佳诠释。恰恰相反，这种过度的表现，破坏了朋友之间健康的生长空间。

将窗户完全打开，想要清凉的风吹进卧室，然而也会容易着凉感冒。与人交往亦是同样的道理，完全敞开心扉，并不一定就能够获得真挚的友情，有些情感无法替代，因此不必强求，否则就会成为彼此心灵上的负担。

心理学上有一个"自我边界"的概念，即表现为交往中尊重对方的意愿和选择，保持私人距离。君子交友，既能够对朋友无理的要求说"不"，也能够接受对方合理的拒绝，彼此都有一道线，双方遵守彼此达成的规则，和谐相处。而小人之间，则会模糊"自我边界"，认为我这样想，你也应该这样想，容易产生强迫行为，进而引发冲突。

庄子认为朋友相处要做到"相视而笑，莫逆于心"的境界，这说明的正是交往应保持适度距离的道理。

马伟是一名性格开朗大方的高中生，在学校，他的人缘非常不错，朋友很多。高一下半年，班中转来一名新同学刘颖。班主任将其安排

第九章　交际要懂分寸感，尊重他人的心理边界

和马伟同桌，希望马伟热情的性格能够帮助新同学更好更快地融入新集体。

刘颖是一个长相酷似男孩、性格也颇像男孩儿的姑娘。两个同样活泼的少年，很快就熟络起来。刘颖将自己的家庭状况一股脑地告诉马伟，甚至七大姑八大姨的事情都和马伟分享。马伟对于刘颖的信任十分感动，觉得这个朋友可交。

高二重新分座位的时候，两个人被分开了，但是关系还是很好，刘颖还是经常对马伟吐露心事。此时，马伟觉得有些累，心灵上似乎有了些负担。

下半年，两个人再一次同桌，这个时候，另外一名同学私下里跟马伟说，刘颖这个人喜欢占别人小便宜。起初，马伟不太相信，后来她发现果真如此。刘颖经常不和马伟说一声，就拿其文具使用。草稿纸没有了，直接就从马伟的本子上撕下好几张，事后一句解释、谢谢也没有。笔用没了，也是干脆从马伟文具盒中拿来一根就用。这让马伟很不舒服。

刘颖对待马伟如此随便，却不允许马伟对自己这般放肆。她自己买的东西都会藏在书包里，不允许任何人使用，她也不会主动拿出来与人分享。渐渐地，马伟疏远了刘颖，不再和她交朋友。

刘颖错误地认为朋友之间就是不分你我，亲密无间，她不懂得尊重对方的隐私，这种毫无距离感可言的友谊让马伟无法呼吸，因此，这段友情也就只能走到这里。

我们都喜欢用"亲密无间"来形容两个人友情的程度之深，而如果真的做到了这一点，却往往会产生适得其反的效果。常言说"距离产生美"，心理学上讲不同的朋友之间，距离的远近不同。例如普通朋友之间，询问对方家庭状况已经是越界，而较为熟悉的朋友，互开玩笑也无不妥，但是涉及私生活的问题，还是不细打听为好。即便是闺密、哥们儿、发小，也不可能做到任何事情都要向对方报告。

如何做到与人交往时的适度距离？叔本华说过这样一段话："社交的起因在于人们生活的单调和空虚。社交的需要驱使他们聚到一起，但各自具有许多令人厌憎的品行又驱使他们分开。终于他们找到了能彼此容忍的适当距离，那就是礼貌。"

礼貌就好似豪猪冬日取暖。豪猪的身上长满了刺，冬天，它们为了取暖，会相互靠拢，但是靠得太近就会刺伤彼此，因此它们会保持适当的距离，即在不刺伤对方的前提下聚在一起相互取暖。人与人之间的相处亦是同样道理。不伤害，便是最起码的距离。

再好的朋友也不可什么话都说

再好的朋友之间，也需要保持一定的距离，这个距离既指地理上的距离，也指心理上的距离。朋友之间的相处之道，需要经营，其具有艺术性。面对挚友，知无不言，言无不尽，并非是最佳状态。相反，将内心想法和盘托出给对方，会给他增加巨大的压力。信任有时也并不一定会得到忠诚与依赖。

心理学研究结果显示，因为世界上没有完全相同的两个人，因此生活经历的迥异会导致人在个性、习惯等方面的巨大差异。个人的生存发展需要留有私人空间，不能够被任何人打扰，即便是父母、爱人、朋友，这是人的正常心理需求。所以，即便是再好的朋友，也不可能强求对方对你掏心掏肺，你也不必"一丝不挂"展现在其面前，有些话可说，有些话只能自己品味。

常言道，祸从口出。有些话，说出来，对自己、对朋友都未必是一件好事。倘若是你的烦心事，你对好朋友大诉苦水的同时，是否考虑过朋友的感受？他可能也正经历着不愉快的事情，却还要包揽下你的眼泪。还有一种情况，你以为你对朋友说的任何事情，对方都能够感同身受，你渴望得到理解。然而，因为生命个体的差异性，你的独特感受并非朋友能准确把握,此时,你得到的反而是失望、后悔。与其如此,倒不如不说。这样方能保持友情的新鲜度。

珊珊和琪琪是大学同学,两个人因为个性相符成为好朋友。毕业后,两个人一起租房找工作,幸运地被同一家公司录用。两个好姐妹十分开心,工作生活上互帮互助,相互打气,在外人看来也是非常羡慕。

这家公司不大,老板是一个将近五十岁的戴着方框眼镜的男士。随着进一步的接触了解,珊珊发现,这个老板非常抠门,总是找各种借口让员工加班还不给加班费。珊珊私底下就和琪琪抱怨老板的不是,琪琪却没有那么大的反应,只是说,做老板的都是这个样子。

可是珊珊不以为然,甚至觉得琪琪的反应真是奇怪,明明上学时都是仗义的姐们儿,怎么在这件事上会有不同的看法呢?珊珊不管这些,依然对老板心存各种不满,还将这个情绪带到了工作中,和同事们一同在背后讲老板的坏话。回到家后,珊珊又将从同事那里听到的风言风语告诉琪琪。琪琪听后,特别生气。好几天都不理珊珊。珊珊很是纳闷儿。

有一天,老板在例会上宣布,提拔琪琪为部门主管,并告诉大家琪琪是他的女儿,这段日子是在基层积累经验。珊珊听到后,气冲冲地找琪琪理论,质问她为何要隐瞒自己和老板的关系。琪琪反问她,有必要凡事都向你报告吗?珊珊生气琪琪故意套自己的话,最后辞职了,从此两人分道扬镳。

并不是什么话,朋友都有义务要告知你,也许他有难言之隐,或者他另有打算。总之,我们不能强迫朋友把一切都告诉你。此外,生活很复杂,社会关系网一层套着一层,一句话稍有不慎,就会给自己带来很多麻烦。因此,有些话,特别是说他人的坏话,最好不要与第二个人讲,自己心知肚明即好,如果让第二个人知道,就很有可能被第三个人知晓,最后天下皆知,你也就无法收场了。

每个人都有自己最隐蔽的秘密,都有属于自己的一个空间,空间大小因人而异,走得太近会让人感到不适。即便再好的朋友,也有一些情况必须要自己面对，无法与他人分享。因此，距离的保持非常有必要，知心话也并非要一吐为快。

中国人交友讲究心领神会，你不说，我不语，一切都已明了，这才是朋友的最高境界。有些话，一旦说出口，就失去了本真的味道，友情就可能变质。明白人的心理空间的需求，尊重个人的隐私，给自己也给朋友留点想象空间，一些话不说出口，也许会更加美好。

第十章
让对方信赖你,就是社交成功的第一步

反射法则，给予信任才能收获信任

我们常听他人说："要想别人相信你，你就应该相信别人。"的确，人与人交往，信任是建立在双方相互信任的基础之上的，即给予他人信任才能收获来自他人的信任，这是一种反射法则。

试想，如果你不相信对方，又怎能让对方相信你呢？只有自己先让对方感觉到真诚，感觉到对他的信任，对方才会对你真诚，感觉到你是值得信任的。

一次，小魏因家里有人突发疾病而从公司处搭乘一辆出租车匆忙赶往医院。由于走得匆忙，他忘记了带钱包。

到达医院后，他充满歉意地对司机说："师傅，因为着急赶来医院，我忘记带钱包了，这样吧，您先不要走，我一会儿回公司时还坐您的车，到时候一起把钱给您。"

司机想了想，然后说："可以，你先去医院赶紧看看你家人的情况怎么样。"

"谢谢师傅！"小魏道谢后，立马进了医院。

得知家人并无大碍后，小魏出了医院，对师傅说："麻烦您久等了，我回公司后立马把钱给您！"

"怎么都是拉活儿，不麻烦，我们出发吧！"司机师傅回道。

"师傅，您就不怕我刚刚从医院后门溜走，害您白白拉我一趟而没有收到钱？"小魏开玩笑地说。

"我相信你！"师傅直截了当地说。

"并且你一出医院就直奔我的出租车来了，不也没有选择其他出租车吗？"师傅又说道。

"因为我还欠您车钱呀,并且我也觉得您会一直在外边等着我,这不看见您的车后立马过来了,我也相信您!"小魏解释道。

小魏和司机师傅在信任对方的前提下都得到了对方的信任,正是因为双方互相理解、彼此没有猜忌,两人才有了互相的信任。

给予他人信任我们才能收获他人对我们的信任,如果没有彼此间相互的信任,人们就无法顺利地沟通和交流,人际关系也难以得到和谐发展。要想收获信任我们就要学会给予信任。那么,在和他人交往过程中,如何才能更好地给予对方信任从而收获信任呢?

(1)懂得和对方分享。

有些事情,可以选择和对方分享,在与对方分享时,其实就是你对对方的信任。你对他人的信任和尊重会轻松赢得对方的好感,因而,对方也会选择向你分享一些自己的小秘密,无形之中,双方便在分享中产生了相互间的信任。

(2)讲究为人诚信。

我们为人处世,与人交往,要讲究诚信,即诚实守信。有些事,如果答应对方,就一定要遵守承诺;而有些事,我们难以做到,就不要轻易许诺,因为说到的事情没有做到,会让对方觉得你没有诚信,无法使人产生信任感。因此,我们一定要做一个诚信的人,遵守承诺、履行约定,我们才能赢得别人的信任。

(3)反思是否给予别人足够信任,是否付出真心。

想让别人信任你之前,先想想你是否给予了别人足够的信任。反思自己是否诚实守信,是否有值得他人信赖的资本。比如,平时有没有对自己承诺的事情说到做到;平时是否总是对他人撒谎;与人交往时,对对方付出过真心吗?

想要得到他人的理解,就要首先理解他人,想要得到他人的信任,就要首先给予他人信任。

在人与人的交往中,信任是人际关系得以和谐发展的重要保障。信任是相互的，如果想要获得对方的信任，就要先给予对方信任。只有自己先让对方感觉到真诚，感觉到对他的信任，对方才会对你真诚，感觉到你是值得信任的。

分享秘密是强化信任的好办法

信任是指相信而敢于托付。在社交心理学中，信任发挥着极大的作用，它是人际交往中的一种无形资产。与人交往，如果想要强化彼此之间的信任，可以选择试着分享一些彼此的小秘密。

秘密一般都是隐秘而不为人知的事情或事物。如果一个人向他人透露了自己的秘密，那么，这个人一定十分信任对方，认为对方是一个值得信赖、可以托付的人。向对方分享秘密，表明对一个人的信任，会让对方感到你对他是尊重的、是信任的，自己的价值得到了认可。这样一来，他也会对你产生信任感，双方的信任感得到强化，人际关系得以和谐发展。

与他人打交道，在沟通的过程中双方相信彼此所说的内容，对内容不持怀疑态度，则说明双方之间有一定的信任感。在这种情况下，如果各自再向对方分享一些自己的秘密，无疑是强化双方之间信任的好办法。

小王的女儿璐璐交了一个男朋友小李。年前的某一天，璐璐商量着把男朋友带回家来和父母见一面。

见面的那一天，璐璐父母亲自张罗了一桌好菜。然而璐璐的男朋友小李显然是因为第一次见到女方家长而有些腼腆，吃饭时，他一直低着头，很少说话。

见到小李如此紧张，璐璐爸爸打算和小李私下聊一会儿。他借厨房还有两个菜、一锅汤需要做的理由将璐璐和老婆支开，然后对小李说："小李，第一次见女朋友家长是不是有些紧张？其实，你不必害羞，就将这里看作自己的家，怎么自然、舒服怎么来。""好的，叔叔。"小李应道。

"想当年，在我去见我爱人父母时，我也感到很紧张，就怕在岳父母面前留下不好的印象，怕岳父母会不同意我们俩在一起，所以我表现得十分羞涩，结果，你猜后来发生了什么？"璐璐爸爸问道。小李说："发生了什么？""后来呀，老丈人对我说了一番刚刚我和你说的同样的话，他这么一说，我认为其实他还是挺认可我的，所以我就不紧张了，之后就很自然地表现自己。"

秘密刚一聊完，恰好璐璐妈和璐璐将其余的菜端上桌，璐璐看到小李一副很开心的样子，便问："我爸对你说什么了，笑得这么开心？""叔叔说，要我现在就把你娶回家。"小李摸了摸璐璐的头宠溺地说道。

饭后，小李向璐璐爸保证一定不会辜负他老人家对自己的信任，并且会一直照顾璐璐、呵护璐璐。当然，那个属于男人之间的秘密，他也会保密下去。

璐璐爸将自己的小秘密分享给小李是出于对小李的认可和信任，而他的信任也使小李更加珍惜璐璐。

在生活、工作和学习中，每个人都会拥有自己的一些小秘密。当这些秘密被你分享时，对方会感觉到你的真诚，认为你是值得交往的。通常情况下，当自己被认可时，被他人认为值得信赖和依靠时，人们也会向对方敞开心扉，认为对方也是值得信任的。因此，他们也会去向对方吐露一些自己的私事。毫无疑问，这种秘密相互分享，使得双方彼此间的信任得以强化。

当然,和他人相处,也要在分清交往对象时选择是否分享自己的秘密。因为，并不是所有的人都是值得信任的，难免会有一些对你不忠诚和真心的人，这样，一旦你把秘密告诉他们，他们就会泄露出去，对你自己造成一定的伤害。因此，想要分享秘密、强化双方间的信任时，一定要分清交往对象。

分享秘密，让对方感受到你对他的信任和尊重的同时他也在心中对你产生了好感。分享秘密，能够增进了解，强化信任，是真正的朋友之间的相处之道。

换位思考，学会理解他人的难处

人与人之间进行交往时常常会这样想：希望别人能理解自己的想法，但是自己又不去主动地理解他人。这样一来，双方难免就会产生矛盾和分歧。孔子曾说过："己所不欲，勿施于人。"当自己与他人产生矛盾和摩擦时，不妨学着去换位思考，站在对方的角度去看问题，去想事情，学会从对方的立场上去理解对方的难处，这样一来，也许问题就会得到解决，矛盾从而也会得到缓和。

换位思考，学会理解他人的难处，这样双方就可以在交往中和谐相处，从而形成良好的人际关系。

一次，妻子在厨房里炒菜，她的丈夫来到她的旁边对她说道："慢点，小心点！火有些大。快把鱼翻过来，否则就煳了！油倒得太多了"面对他没完没了的絮叨，妻子忍无可忍，她对丈夫嚷道："我知道如何去炒菜，你不要在我旁边指指点点的！"

丈夫听后，一脸平静地答道："我只是想让你换位思考一下，想让你知道我在开车时，如果你总在我的身边一直唠叨，我的感觉会如何？"

妻子顿感后悔。

还有这样一个关于母亲和孩子的故事。

母亲有一个6岁的小女儿。她非常喜欢带着孩子去逛商场，可是女儿却不是很愿意。母亲对这件事情感到很奇怪，她认为商场里的东西各种各样，针对小孩子的商品也琳琅满目，可是为什么自己的小女儿就是不愿意去呢？直到后来发生的一件事情，改变了母亲的看法。

有一次，母亲劝说小女儿去商场，来到商场后，她牵着女儿的手为女儿挑选各种各样的玩具。后来，女儿的鞋带开了，母亲便弯下身子准备为孩子系鞋带，正在这时她发现了一种令人可怕的现象：呈现在眼前的全部是周围人晃动着的腿、走动着的脚。见此状况，她立马将女儿抱起来，离开了商场。之后，她每次去商场时，都会把孩子抱起来或扛在肩膀上。

这位母亲学会了从孩子的角度思考问题，她懂得了"蹲下身来看看孩子的世界"，她的换位思考，了解到了孩子不愿意逛商场的原因，帮助孩子克服了"逛商场恐惧症"。

以上两个案例中，丈夫的做法是为了让妻子学会换位思考，学会从别人的角度去理解他人的难处；母亲"蹲下身来看看孩子的世界"这种换位思考的方式，使她了解到了孩子的内心世界，使得母女的关系更加亲密。

与他人打交道，每个人都渴望得到对方的理解。学会换位思考，从对方的立场出发去想问题，站在他人的角度来理解他人的难处，即变换立场，以心换心，相信你一定会拥有一个好人缘。

当与对方产生分歧或发生矛盾而难以判断对与错时，假如你没有换位思考，那么矛盾无法得到缓解，友谊很有可能就此破裂。学会换位思考，多为他人着想，多理解他人的难处，这样，在以后的人际交往中我们才能够得心应手。

共情效应：找到双方兴趣的共同点

共情是由人本主义创始人罗杰斯提出的，是指在与他人交流时，去体验和感受对方的内心世界的能力。所谓共情效应就是指与别人有同感或深入对方内心体验其情感和思维。在与他人交往时，若能巧妙地运用共情效应，那么，你将会轻松赢得对方好感。

美国著名的政治家罗斯福总统就是一位很会利用共情效应的人。罗斯福不仅知识渊博，对军事有独到的见解，而且人缘很好，与他打交道的人都会发现：罗斯福和谁都会拥有共同兴趣。

无论是政客、外交家还是周围其他来访者，罗斯福都能够与大家谈到一起。他知道应该和大家谈些什么。大家都对此感到困惑不已。一次，有人问他："您是如何做到这一点的？"他说他接见拜访者前都会在前一天晚上了解这位来访者的兴趣和爱好，然后找到令对方感兴趣的话题。

罗斯福在与人交往时，善于找到双方兴趣的共同点，然后通过向对方展示，让对方意识到大家拥有共同爱好，与此同时，对方就会感到他格外亲切。

与人打交道，找到双方兴趣的共同点，双方就此展开话题，无形之中就会使彼此间的距离得以拉近，而我们也会在交流过程中赢得对方的好感。

一次，在孕妇课上，小李和小张被分为同桌。刚一开始，两人礼貌地彼此问候了几句，随后便越聊越亲近。

在彼此的聊天中，她们发现两人都是怀了3个月的宝宝，并且他们都喜欢做各种料理、都爱好服装设计，更巧的是她们年龄相同，且老公都在同一家公司工作。之后她们越聊越兴奋，课后，两个人交了朋友，并留下了彼此的联系方式。

小李和小张因为共同的兴趣爱好，使彼此感到了亲切，最后发展为好朋友的关系。所以，与朋友交往，要让对方看到你和他的共同点。找到双方兴趣的共同点可以使交往双方彼此间更为亲密，使双方在交流过程中赢得对方的好感。有人觉得，找到双方兴趣的共同点并不是很容易，那么，我们应该如何巧妙地找到这些兴趣共同点呢？

（1）通过他人，了解兴趣共同点。

与自己不熟悉的人交往时，我们可以通过他人介绍，了解对方的身份、兴趣、爱好等特点。通过向他人打听，从而来发掘对方与自己的兴趣共同点。

（2）寻找共同话题。

寻找并强调双方的共同点，会增加彼此间的亲切感。同时，当双方对同一话题感兴趣时，也更容易产生进一步交往的愿望。发现共同点后再在交谈中不断发展、不断延伸，不断发现新的共同关心的话题。

（3）观察、留意对方。

多与对方接触，仔细观察对方所说、所做、所关心的事物。只要用心留意，你就会发现对方和你的兴趣共同点。然后，我们再将这些兴趣共同点表现出来，使双方的交流能够顺利地进行下去。

当然，寻找双方兴趣共同点的方法还有很多。如从双方共同的生活习惯、工作背景、奋斗目标等方面入手。只要我们用心去寻找，并将其表现出来，那么，双方的人际关系就会向前跨进一大步。

如何测出你和对方的亲密指数

亲密指数在社交中是指一个人与他人之间亲密的程度与等级，即双方心理距离的远近。对于你和对方的亲密指数，我们可以采用"杯子技巧"来测出。

所谓"杯子技巧"就是通过双方杯子之间的距离来得知两人之间的心理距离，从而探知对方的想法。在社交中，"杯子技巧"适用于测试朋友之间、同事之间甚至是恋人之间的亲密指数。

例如，当测试你和恋人或自认为很要好的朋友之间的亲密指数时，就可以通过杯子来得知。选一个地方，约恋人一起喝奶茶。双方先聊一会儿天，等奶茶被端到自己的位置时，你可以先喝一口，然后很随意地把奶茶杯贴近对方的杯子。这时，如果对方在喝自己的奶茶后又把杯子移到原来的位置，则说明你的恋人或你的好朋友与你的心理距离很近，两人已经达到一种亲密无间的程度。反之，如果对方悄悄地把杯子移开一些距离，那就表示他的心里还没有做进一步的预想，他认为两人目前的现状还不需要改变。

当你测试你和同事或普通朋友之间的亲密指数时,你也可以通过杯子来测出。但是,做测试时不必像和恋人测试那样把自己的杯子紧贴对方的杯子,稍微超过两人平时的亲密界限即可。

当然,我们还可以采用一些其他小技巧来得知与对方的亲密程度。

(1)旁敲侧击,窥探对方对你的真心。

在人际交往中,当你无法正确掌握和对方的距离感(即亲密指数)时,你可以选择旁敲侧击法,从侧面探求对方对你的真心程度。例如,处于恋爱中的男女,想知道对方是不是真心喜欢彼此,可以试探对方,说明想给彼此介绍一个男孩或女孩认识。通常情况下,如果彼此之间是真心喜欢对方的话,双方都会很果断地拒绝被介绍。由此,也得出两人之间是比较亲密的。

(2)利用肢体动作测试两人亲密程度。

你可以选择和对方并排坐着,然后悄悄地将头部或身子向对方靠近,这时,如果对方赞同你的这种做法,那么,你们两个人的亲密指数应该较高。反之,如果对方反应出使自己身体回缩或后退的趋势,则说明,你们两人之间并不是很亲密,双方感情还没有达到可以进一步发展的地步。

其实,旁敲侧击和肢体动作测试法也是"杯子技巧"的一种延伸,它们都离不开"杯子技巧"这个原理。

当你和对方的交情还属于自己尚不清楚的阶段,或者是你认为两人之间的距离感有微妙的落差,难以正确掌握和对方的亲密程度时,可以利用"杯子技巧"来测知对方的想法,探知两人的亲密指数,以便我们更好地把握交往的速度和距离感。

第十一章
提高情商指数,借助同理心赢得友谊

满足他人的好为人师心理

好为人师，指为人不谦虚，不知求教而喜欢以教导者自居。在生活、工作和学习中，我们身边常会出现一些"好为人师"的人。这些人喜欢凭借自己某方面的优势来充当他人的老师或指导者，他们喜欢别人向自己请教，从而满足自己内心的潜在欲望，以获得相应的成就感。

与这些人打交道，要想使彼此间的关系能够和谐和融洽，我们可以试着满足他们好为人师的心理。以学生的身份多向对方请教问题，这样一来，我们便会在迎合对方的同时获得对方的好感，从而促进双方的人际关系朝着更好的方向发展。

有一天晚上雷恩和雷羽去参加一个宴会。

在宴席中，一个朋友为了活跃现场氛围，便给大家讲了一个颇为风趣的小故事。在讲故事的过程中，为了表明自己很有学问，他专门引用了"得道多助，失道寡助"这句话。

听完故事后，雷恩便问这位讲故事的朋友："这句话是出自哪里来着？能不能告知一下？""出自《孟子·公孙丑》。"朋友回答道。"你懂得这么多，看起来以后我要多向你请教咯！"雷恩说道。"可以，以后如果你有关于这方面的问题，尽管来找我就行。"朋友笑着回应道。

回家的途中，雷羽十分不解地问雷恩："你平时不是读过很多书吗？而且刚刚那句'得道多助，失道寡助'的出处你也是知道的，为什么又要向对方请教它的出处呢？"雷恩回答道："我的确是知道那句话的出处，但是对方向我们讲那个故事和那句话，很显然并不仅仅是为了活跃大家的氛围，而是为了向我们展示他很有学问，从而显示自身的优越感。他有一种好为人师的心理，与人交往，要想与对方和谐相处，何不满足对方好为人师的心理？所以我才假装不知道出处，向他请教的。""哦，原来如此。"雷羽点了点头。

雷恩明明知道故事中引用的那句话的出处，但是为了满足对方好为人师的心理，他主动扮演学生的身份向对方请教。他的行为满足了对方的优越感，并且使对方获得了相应的成就感，与此同时，也赢得了对方的好感，在对方心中留下了一个好印象。其实，满足他人好为人师的心理就是在为自己的人际关系铺路和奠基。

满足他人的好为人师心理，需要我们做到主动向对方请教。当你遇到一些令自己十分困惑的问题，而对方又恰好很精通此方面，你可以主动向对方去请教。这样一来，你不仅可以学到知识，而且还让对方体会到一种"为人师"的心理满足感。多问、多请教，即使有些问题你明白也要装作不明白，因为对方很乐意当你的"老师"，多请教也会拉近双方之间的距离。经常向人请教的人，往往更会拥有一个好人缘。

其实，每个人心中都会有一种"好为人师"的心理欲望。你以学生的身份向对方请教问题，往往会给对方以心理满足感，同时也赢得了对方的好感。

与人交往，满足他人的好为人师心理，以自己为学生，以他人为老师，多向他人请教，既拉近了双方的距离，赢得了对方的好感，又学到了知识，增长了经验，这是一种双赢的局面。

让别人快速把你当自己人

现代社会是一个注重人际交往的社会，要想轻松应对各种人际交往活动，可以尝试着让别人快速把你当自己人，从而拉近彼此之间的距离，产生双方心灵之间的交流与碰撞。

曾经发生过这样一件事情。

一位著名的演讲家来到一所大学进行演讲。演讲分为两个时段——

上午场和下午场。

在上午场进行演讲时，慕名而来的听众特别多，在演讲过程中，演讲家全程采用"我认为""我的""我"这种说法来给大家进行解说。这种演讲方式使人们觉得他过于自我，难以给人亲近之感。结果，在与听众进行互动时，没有听众愿意站出来与他进行交流。

到了下午场的演讲，他改变了演讲方法。在对演讲内容进行解说时，他经常选择"我们""我们要"等说法来拉近与听众之间的距离。等到与大家进行互动时，效果果然和上午场相反，同他互动的人很多，并且大家都十分积极。

演讲家的"我们""我们要"等字眼拉近了他与听众之间的距离，给大家一种亲近的感觉，让大家觉得他就好像自己人一样，可以与他畅所欲言。他让大家快速地将他当作自己人，既使演讲获得了成功，又赢得了听众的好感。

让别人快速把你当作自己人，有利于拉近彼此间的距离，使交往双方之间的关系更加密切。社交达人懂得用微笑来使大家感到亲切，感到他们就好像是自己人一般。有时，他们的口才不是很好，但是他们总是能受到大家的欢迎，原因就在于他们总是能以微笑示人。

心理学专家认为，微笑就如同润滑剂，它可以消除交往双方彼此间的紧张感，也可以缓和矛盾，还能够在很短时间内拉近双方的距离，使大家感到对方就是自己人。而当对方将你当作自己人后，你在无形之中已经赢得了对方的好感，不久后，他们就会向你敞开心扉，双方的关系也会变得越来越密切。

在人际交往中，除了多用"我们""多微笑"外，还有什么方法可以让对方快速把你当作自己人呢？

（1）多赞美对方。

与人交往，可以试着多赞美对方，尤其是赞美对方比较不容易被人发现的优点。这样一来，对方就会觉得你很了解他，从而觉得你很亲切，仿佛你就是他的自己人一样，于是在很短时间内他便乐于接受你，乐于与你交往。

（2）对人真诚。

待人真诚，以心交心，用真诚来赢得对方的好感和信任。相信这种有效的沟通很快便会打动对方，让对方迅速把你当作自己人。

（3）主动泄露一些自己的私密。

有时为了消除对方的防备和怀疑之心，我们可以主动向对方透露一些自己的心事，泄露一些自己的小秘密。这样一来会让对方觉得我们信任他，从而将我们当作自己人，也同我们交换他的心事。当然，我们暴露自己的秘密时，要懂得适可而止，依据交往的对象，选择暴露的程度。

多一点顺从，就会多一些人气

顺从，是指在他人的直接请求下按照他人要求去做的倾向，即接受他人请求，使他人请求得到满足的行为。在与人打交道时，我们经常向他人提出种种要求，希望他人能够迎合我们的观点和行为，我们自己也要经常顺从他人的意愿。多一些顺从，就会多一些人气，我们周围的朋友就会变得越来越多。

顺从是对他人的一种尊重和迎合。我们在与人交往的过程中，难免会遇见一些或比较倔强、或内心叛逆、或特立独行的人，这时，要想与对方和谐相处，减少冲突和摩擦，我们只要多顺从对方一些即可。即使对方的观点是错误的，也不要直接反驳对方，否则必定不会给对方留下好印象，对方也不会把你当作真正的朋友。

你可以先顺从对方，然后在赢得对方好感的同时，提出自己中肯的意见。多一点顺从，让对方在心理上能够轻易地接受你，从而使双方的心理距离更进一步。

卡耐基选择了一所旅馆的礼堂进行讲课。然而有一天，他收到通知，说租金要在原来的基础上提升大约3倍,他对此事感到非常震惊和不解。之后,他便运用"顺从"对方的交际手段,使对方收回了涨价的决定。

卡耐基是这样与对方交涉的。他找到旅馆经理,然后表示理解地对对方说:"收到通知,说你们的租金要提升,我能够理解你们这么做的原因,你们是为了让自己的旅馆能够更多地赢利。但是你们想一想,我在这里进行演讲的话,礼堂用于举办舞会和晚会,相信你们一定会收获巨大的利润。然而,你们一涨价,由于昂贵的租金,我就会选择去其他地方演讲,紧接着,那些想听我演讲的听众就不会来到贵旅馆,他们会紧随我的步伐,这样你们就失去了一个获得如此可观利润的机会。如果我是你们,我就不会将租金提升,这样一来,那些来听演讲的听众就会来到贵旅馆,这些人是你们不用花钱就能够得到的活广告。试想,这样一来,你们岂不是更能获利?"最终,旅馆经理被卡耐基说服,改变了涨价的决定。

正是由于卡耐基一开始对经理的顺从,才让经理降低了对他的心理防备。卡耐基在谈话中先肯定旅馆涨租金的做法,他没有立马对其做法进行否定,而是选择从对方的角度出发去思考问题,然后向对方提出自己中肯的意见,这样一来,就使经理自然而然地改变了决定。

多一点顺从,就会多一些人气。卡耐基巧妙运用顺从的交际手段,给旅馆经理留下了好感,轻松赢得了对方的人心。

与人交往,怎么做到适当的顺从呢?

(1)从对方的角度思考问题。

站在对方的立场上,从对方的角度去思考问题,这样一来,你在顺从、认同对方的时候,不会给人一种你在敷衍他的感觉。其次,还会让对方感受到你对他的理解和尊重,双方的距离也会因此而拉近。

(2)顺从式地提建议。

当对方的想法和你的想法大相径庭时,为了不使双方敌对,你可以以顺从的方式向对方提建议。比如,在向对方提建议后,在句尾加上一些表示征询对方同意的问话,"行吗?""你觉得怎么样?"等。这种顺从式的提建议,既迎合了对方,又增添了自己的人气。

(3)多赞美对方

你的赞美,表明你对他人的认可,这就是顺从。对方得到你的赞美,会为此感到很高兴,并产生乐意与你交往的想法,如此一来,你周围的朋友便会越来越多。

"自我暴露"有助于增加亲密度

在人际交往中,"自我暴露"是指向对方诉说自己的心事,保持开放性的心态将自己的个人信息告诉对方。

一些心理学家认为,"自我暴露"有助于增加亲密度。他们觉得,有意识地向另一个人暴露自己的个人信息,让对方知道并且了解,这种人在心理上是健康的,这种自我暴露更有利于增加双方的亲密度。因为适当地自我暴露,把自己的心事或私人信息告诉他人,尤其是告诉自己认为重要的人,这是对他人的一种共享和信任,显示出你对他人的一种尊重。而当你表现出对他人的信任和尊重时,他人也会对你产生好感,因此双方便建立起一种亲密关系。

在社交中,如果想与对方建立亲密关系、增加亲密度,最快的办法就是进行自我暴露,向对方诉说自己的心事和秘密。

一次,小张女士正在单位工作,突然,电话来电铃声在小张女士的耳边响起。

"我一个人在家闲得无聊,你过来陪着我!"小张的婆婆对小张说。

"妈妈,可是我正在上班,离不开呀!"小张满脸充满了无奈。

"我不管,反正你就是得回来陪着我,你应该做一个孝顺媳妇。"婆婆命令道。

放下电话,小张一副发愁的样子,回家陪婆婆就要向领导请假,可是领导是出了名的严格，找她请假不是很容易的。迫于无奈，小张硬着头皮去找领导请假了。

见到领导，还没说话，领导便询问她："小张，你这是怎么了呢，一副愁眉不展的样子？"由于需要请假，小张便将事情的原委告诉了领导，并私下透露自己的婆媳关系处理得不是很好。

领导听后，立马准许她请假，并安慰她说："自古以来婆媳问题就存在，告诉你一个秘密吧，以前我和我的婆婆关系也不是很好，我们俩经常起争执，弄得我老公经常受'夹板气'。"

"那后来呢？"小张问道。"后来我和婆婆彻夜长谈，与她进行了一番有效的沟通，于是我们的关系就变得融洽多了。婆媳关系有时处得不好就是由于双方缺乏有效的沟通，要不你回去多和你的婆婆试着去沟通、去交流，把自己想的和她说一说，说不定你们的关系就会有所缓和呢！"领导说。

领导说完这番话，小张立马觉得自己的婆媳问题有望解决了，因为她了解自己的婆婆，她深知自己的婆婆也不是一个不讲道理的人，如果和她多交流的话，双方的关系必定会有所改善。

小张向领导深深地鞠了一个躬，以表达对领导的感谢。小张对领导说："关于您的私事，我是绝对不会向外透露的。"领导笑着说："正是由于我相信你，所以才对你说的。而且私下里不用对我这么恭敬，我们做朋友多好呀！""好，私下里我们就是朋友，来个朋友间的拥抱吧！"小张和领导都笑了。从此，两人私下里成了好姐妹，关系越来越亲密。

领导和小张互相透露自己的秘密给对方，既是对彼此的信任，也是一种信息共享，她们的这种自我暴露使得双方关系更加亲密。

当然，自我暴露虽然可以增加交往双方的亲密度，但是也要讲究适度原则。自我暴露最理想的状态是对自己亲密的人可以做较多的自我暴露，而对于其他人则做较少的暴露，切忌和盘托出，将自己的私事或个人信息全部暴露出来。因为过多的暴露会影响一个人的整体形象，会令对方生厌，从而慢慢疏远你，甚至会使你的个人信息弄得人尽皆知。

人人都有虚荣心，别吝啬你的赞美

虚荣心，是人类的一种心理状态。其实，社会上每个人都会有不同程度的虚荣心。人人都渴望得到他人的赞美、尊重和认可。所以，与人交往，为了能够给对方留下好感，为了能够拉近交往双方彼此间的距离，适当地满足一下对方的虚荣心吧，不要吝啬你对他的赞美。

每个人都渴望被他人赞美，每个人都喜欢被他人肯定。对他人一句简单的赞美，能够在满足对方虚荣心的同时，又给对方留下好感，密切了交往双方的人际关系。

李刚在一家公司策划部上班。一次，在大会上，策划部部长想要在市内水上公园举行一次珠宝展。他为部门员工安排好了任务，打算在一周内将计划实施到位。大家都认为这个策划不切实际，但又不敢向部长提出意见，所以只能接受任务。

但是，令大家觉得不可思议的是，珠宝展计划取消了。这对于一向专制的策划部部长来说，几乎没有人能改变他的计划。是什么原因让他放弃了这个计划呢？

原来是李刚的几句话使他改变了想法。李刚对部长说："部长，您做事一向都很果断，这一点使我感到很佩服，但是这次的这个计划，我认为地点选择有些不太适合。水上公园一般都是小孩子们爱去的地方，而我们的珠宝展主打群体是青年，这类奢侈品不是很适合在水上公园展出。"部长听后，觉得李刚所说的确实有道理，于是他取消了原计划。

不久，李刚就被提拔为部长助理。

李刚在职场交往中，懂得赞美领导，在提意见时懂得先肯定领导，这样的做法很实用，既满足了领导的虚荣心，又使领导接受了意见，并且在领导心中也留下了好印象，使自己的职位得到了提升。

懂得赞美，不吝啬你的赞美，稍微满足一下对方的虚荣心，会让你的人际关系发展得越来越好。但是，赞美也需要一些技巧：

（1）赞美切忌拍马屁。

虚假的"赞美"，阿谀奉承式的语言，这些都是不真诚的，它并不是对人发自内心的肯定和评价。这样的拍马屁式的"赞美"会令人生厌。对一个人的赞美要诚挚，只有这样，才会使对方听着舒服，产生应有的效果。

（2）从细微之处赞美他人。

要想使赞美更加具有真实感，使人听后能够信服，并给对方留下良好的印象，试着从细微之处赞美他人吧！赞美的内容越注意细节，就越具体，越能使对方感到高兴。比如从一个人的穿着打扮方面来赞赏对方，"你今天穿的这双马靴真漂亮，颜色和款式都很适合你，更加衬托出你修长的双腿"。

（3）赞美不分对象。

赞美不分对象，每个人都希望被赞美。经常对自己的亲人进行赞美，有利于密切双方联系、增进情感、加强沟通，会使自己的大家庭更加和睦；经常对自己的恋人进行赞美，可以使爱情更加甜蜜；经常对自己的朋友进行赞美，双方友谊会更加稳固；经常对自己的同事进行赞美，有利于使大家更加团结。

第十二章
精简社交
快速清理无效的人际关系

一定要远离"负能量"携带者

趋吉避凶,喜阳光,憎阴暗,这是人的本能。有的人,我们一见就喜欢,就想亲近,而有的人,我们一接触就觉得让人不舒服,不喜欢,甚至讨厌,只想远离。

在我们生存的环境中,经常会遇到这样一些人:索取别人的人,压榨别人的人,困扰别人的人,他们全都是携带负能量的人,如果我们一味地迎合与承受,那么,我们的正能量便会渐渐变成负值。直到有一天,我们会发现自己也是负能量的携带者了。而如果我们周围充满这样负能量的人,你会发现,我们很快就会显出疲惫之态。这是因为我们接纳了太多的负能量,远离这样的人是明智的选择。比如,公司有的同事整天发牢骚,把情绪垃圾往别人身上倾倒,这时候,我们可以选择敬而远之。所以,纵观我们身边那些正能量的人,他们是不喜欢和负能量的人交往的。

肖静大学毕业后,孤身一人到北京打拼,经过一段时间的北漂生活,她找到了一份相对满意的工作。

在北京这样的大都市打工是无比艰辛的,肖静每天都早出晚归,身心俱疲,但肖静不怕吃苦,她很珍惜这次工作的机会。在公司,她任劳任怨、尽职尽责,每天,她总是提前半个小时来到公司,把办公室打扫得一尘不染,整理得井井有条。为此,肖静所在的办公室被经理在会议上表扬过多次。渐渐地,同事们都喜欢上了勤快的肖静。

肖静是一个不喜欢出风头的女孩,她不爱说话,有些内向,所以,每当有同事找她交流和谈话时,她总是以倾听为主,微笑面对。在办公室这个勾心斗角的地方,虽然肖静已经工作大半年了,但是关于她的负面新闻一则都没有。

过了几个月,公司里又来了一个叫作吴燕的新员工。吴燕的性格和肖静截然相反,每天都喜欢大呼小叫的。本来办公室里的人际关系就不太好,争风吃醋的事时有发生,而自从吴燕来了之后,这样的事发生得更是频繁,原来,吴燕还是个喜欢搬弄是非的人。

过了没多久,同事们便发现,吴燕不仅喜欢暴露自己的隐私,还喜欢打探别人的隐私,公司里只要有闲谈的人,她肯定是其中的一个。最关键的是,吴燕像一个高分贝的喇叭,只要她知道了某件事,就相当于整个公司都知道了。

有一次,肖静和一个女同事在洗手间说了一点儿私人的小秘密,结果,被吴燕听到了,当天下午,肖静和那个同事所说的谈话便传遍了整个公司。经历了这件事情,同事们都知道吴燕的为人了,此后,只要见到她便会绕着走。

又过了两个月,吴燕实在没办法在公司待下去了,主动提出了辞职。而肖静,因为一直谨言慎行,积极进取,被同事和领导所喜欢,在公司设立分公司的时候,她被同事们推选为部门主管。

吴燕无疑是上述故事中的负能量的携带者,和这种人交往,只能身受其害。如果我们身在其中,不得不时刻提防像吴燕那种负能量的携带者,防止它们传播和受其影响,否则,稍不留心,自己也可能会被卷入负面能量的旋涡,不仅会影响正常工作,还会伤害人际关系,严重的还可能因此丢了工作。所以,一定要谨记,要远离"负能量",才能获得正能量,才能以积极向上的心态对待生活和工作。

那么,哪些是负能量的携带者呢?这里做一个简单介绍。

(1)经常抱怨的人。

喜欢报怨的人很多,他们总爱数落工作和生活中的种种不满,让本来安心工作的人也容易受到波及。据了解,抱怨是我们生活和工作中最易传播、辐射最快最广,也最具杀伤力的"负能量"。

（2）浮躁的人。

每个人都想成功，但成功却不是一蹴而就的，很多人却急于求成，妄想一夜暴富。这种人做事往往不够踏实，很容易破坏团队的协作和平衡，也容易带动周围的其他人与他一样浮躁。

（3）自卑的人。

有些人做起事来总是畏畏缩缩，在工作中，这种人什么重任都不敢承担，在生活中，这种人胆小怕事，不爱与人交往，虽然他们对他人可能构不成威胁，但还是敬而远之的为好。

（4）嫉妒心强的人。

很多人在看到别人的进步和优势时，会觉得让自己脸上无光，于是便心生恨意。而一味地敌视别人的进步和优势，便会陷入负面情绪，所以，嫉妒心强的人，也是负能量的携带者。

在生活和工作中，还有一些盲目攀比的人、懒惰的人、多疑的人……这些人都或多或少地携带着负能量，如果我们发现自己已经陷在"负能量"里，一定要及时分析得失和利弊，果断从这个负能量场中抽身出来，对自己进行重新定位，找到新方向后再继续前进。

不要轻视那些"不起眼"的人

我们的整个社会就像一台宏大的机器，任何一个不起眼的职业都有它存在的价值，它们就像一枚小小的螺丝钉，一旦缺少的话，这台宏大的机器便会出现故障。现实生活离不开每个人的细小工作，我们吃的每一口饭，穿的每一件衣服，都凝聚着无数人无法计算的细微的工作。

有个年轻人，在苏州打字厂做模具工人，这是一份普通得不能再普通的工作，这个年轻人任劳任怨，在自己的岗位上默默地工作着。

但这个年轻人从小就有一个爱好，那就是喜欢刻图章，后来，他开始钻研在头发上刻字，他的这一举动遭到了很多人的讥笑，但这个年轻人相信，天下没有人办不到的事情。经过多次失败的磨炼，这个年轻人终于在头发上刻出了诗句，这些字用肉眼是看不到的，只有在显微镜下才能看得见。在头发上刻字的消息一经传出，顿时引起了轰动，这个年轻人也被誉为"绝艺惊人"的"青年发刻艺术家"。

多么"不起眼"的一个年轻人啊，但正是这么不起眼的人，却创造了举世震惊的奇迹。在人际交往中，许多人都喜欢接近那些权势大、地位高的"显赫"人物，对他们尊崇有加，有些人甚至绞尽脑汁、千方百计地想办法与这些人拉上关系，当然，与这种人交往是有一定好处的，比如，会适时地得到一些金钱方面的利益，得到一些普通人得不到的消息等。但是，我们的交往，应该针对一切人，不能因对方的职位、身份、地位而异，对那些"不起眼"的人，我们也不能轻视，那些外表看似"不起眼"的人，往往也是有内涵的人，或者他们也会成为我们人生中的导师。

不要轻视任何人，就算最不起眼的人，他们也有自身的优点和特长，说不定，你的弱项正是他的强项，说不定，在关键时刻给你帮助最大的正是你认为的这些"不起眼"的朋友。

王东是一家药店的销售员。一个星期天的晚上，王东独自在药店里值班。当时已是深夜十一点多钟，忽然，屋外雷声大作，下起了瓢泼大雨。王东急忙关好窗户，坐在一张椅子上，打算把白天没有完成的一篇医药方面的论文写完。

伏案写了一会儿，王东隐约感到肚子有点疼痛，晚饭是他最喜欢吃的红烧肉，所以多吃了一些，王东以为是自己晚饭吃得太急导致的肚子疼，就没有太在意。

但是，让他没想到的是，过了一会儿，肚子的疼痛不但没有减轻，反而加剧了。到后来，王东竟然疼得难以支撑，冷汗直流。他想打电话告诉家里人，然而，剧烈的疼痛让王东连打电话的力气也没有了，他竟疼痛得昏了过去。

当王东醒来后，发现自己已经躺在了医院的床上，妻子和母亲都在床前陪伴着他。

这到底是怎么回事？王东怎么也想不起来昨晚发生了什么事。看到他的疑惑，妻子笑着告诉他："多亏了你隔壁的老刘，医生说你得了急性阑尾炎，昨天晚上是老刘冒着倾盆大雨把你送到医院的，并及时做了手术，要不然，你也许早就没命了。"

这时，医生也笑着对王东说："从某种意义上来说，是昨天晚上送你来医院的那位老人救了你的命啊。"

老刘是给药店打杂的一个临时工，从外表上一看，便知道这个人是个粗人，但也能看出是一个老实人。虽然王东每天都能在药店见到他，但从来没有正眼看过他，说实在话，他心里有点看不起这个打杂的粗人，更不用说和他说话了。然而，正是这么一个王东正眼都没看过的人，却在关键时刻救了他的命。

能给予我们帮助的，不一定是那些我们认为有多尊贵的人，也许是那些如老刘一样在我们身边默默无闻的不起眼的人，所以，我们要尊重身边的每一个人，不能因为贫富轻重而妄加取舍，也许，你舍弃的是一生的财富。

那些"不起眼"的人，往往从事着最普通的工作，这类人最容易被我们忽视，而在很多时候，能给你最有力帮助的，也许正是这些人。放下身段，擦亮眼睛，看看你周围是否有一些"不起眼"的朋友，去关心他们，爱护他们，让他们在你的朋友圈中大放异彩。

无底线奉承者，最好远离

在《现代汉语词典》中，奉承的解释是："用好听的话恭维人，向人讨好。"说白了，奉承便是巴结、拍马屁，这样解释，奉承便是一个贬义词。其实，奉承并非单纯的贬义词，奉承还有赞美的意思，而赞美是一种艺术，更是一种美德，我们每个人都应该学会赞美自己和他人。而在现代社会中，奉承这个词越来越被赋予更多的意思，并非只代表着阿谀，有时，奉承只是图个吉利，比如大家都喜欢听吉利话，这种吉利话便不能说是奉承了。

在任何一个领域里，哪个人不喜欢听奉承话呢？尤其当一个人获了大奖的时候，更是希望周围的人能说些"吉利"的话。但是，如果赞美过度，虚心假意，便是我们所说的贬义的"奉承"了，即无底线的奉承。

无底线的奉承者大多是别有用心的，他们的眼里只有有权的人、有钱的人和对自己有用的人，这些人都是私心太重的人，与人交往时普遍带有目的性和功利性。他们在奉承时，表现出无底线地迁就、服从、拍马屁，舍弃了自己的尊严、思想和原则，这样的人，我们最好远离，否则，有朝一日，我们也将变得和他们一样没有尊严、思想和原则。

胡立是某县工商局财务科科长，他虽然只有三十出头，但为人处世却相当老道，并习得一套拍马屁、阿谀奉承之法，正是凭借着这一套方法，胡立才如此之快地被提拔为财务科长，这在工商局里已经是一个人人皆知的秘密了。

胡立虽然是一个财务科长，财务管理的水平却一般，他的爱好是在舞文弄墨上，比如写些报道工商局成绩的消息、小通讯等，而且每次发表时，胡立都要把工商局局长的大名署在文章后面。局长是一个爱面子、爱荣誉的人，好大喜功，胡立正是抓住了局长的这一特点，才想出了这个对症下药的办法。果然，这一招很是奏效，几篇文章见报，局长因此受到了上级的表扬，他自然对胡立大加称赞起来。

当然，胡立写文章署局长之名也遭到了局里一些同事的说三道四。面对别人的质疑，胡立这样解释："文章虽然是我写的，但每一篇都是经过局长精心修改和润色的，每篇文章里都有局长付出的心血。也就是说，这是我和局长两个人合作的文章，所以肯定要署局长的名字，这有什么不对的呢？"

听到胡立这样的辩解，同事们也不再说什么。其实，除了在写文章时署局长的名字外，在日常工作和交往中，胡立对局长也是唯唯诺诺，绝对服从的，局长说"对"，他绝不说"错"，局长说"错"，他绝不说"对"，对局长一味地逢迎。当然，胡立的功夫也没有白费，除了稳坐财务科科长外，局里有什么好事，局长第一个想到的便是他。

不久，局长的儿子要结婚的消息传到局里，胡立想，这不正是自己拍马屁的大好机会吗？于是，他在同事间不断鼓动大家给局长送结婚礼金，有些同事怕得罪局长，不得已把近一个月的工资拿出来随礼，有些地方上的大商户，也趁着这个机会想给局长送礼。

当然，胡立更是少不了对局长大加夸耀一番，对局长的功绩大吹大擂，最后，局长便也心安理得地收下了那些礼金。

后来，在治理整顿贪污受贿之风下，局长因借机敛财受到了处分。这时，局长才后悔当初不该听胡立的奉承之语，但为时已晚。

胡立的奉承便是无底线的，这位工商局局长正是在这些甜蜜的奉承下做出了有违纪律的事，看来，身边如果有一批像胡立这样的朋友，便应该保持头脑清醒，对他们敬而远之，不要被他们迷惑，否则，最终将被他们所连累。

无底线阿谀奉承的人，他们的目的都是丑恶的，见不得光的，他们不是想赢得上司的欢心，便是想在某些方面得到实惠和好处。比如胡立，正是因为无底线地奉承局长，才使他由一名普通的会计迅速升上了财务科科长的位子。而这种人，迟早会被揭穿真面目。

当心并远离你身边的奉承之人，这种人，对我们的工作和事业并无任何好处，相反，他们的存在，会使其他人对你的朋友圈产生怀疑，对你产生不满，进而影响你的声誉。

我们要对自己有客观的了解和评价，不为他人之言所动，不活在他人的舌头之下。倘若有一个人总是不切实际地夸你，你要赶紧自省，然后冷静地面对，躲开他的糖衣炮弹。

第十二章 精简社交：快速清理无效的人际关系

不是每个人都值得结交

"朋友多了路好走"，不可否认，在现今社会中，人际关系尤为重要。良好的人际关系和社交能力，在一定程度上决定着一个人的生存状况。人与人之间的沟通、交往，并不是单纯地为了情感交流的需要，同时也是长远生存发展的需要。这就意味着，结交朋友是我们生活在这个社会中的必做之事，但古语说得好，"话不投机半句多"，交朋友固然重要，但并不是每个人都值得结交，真正的朋友，不在于交往时间的长短，而在于心灵是否相通，是否在彼此心中产生一种心理共鸣。

小张大学毕业后到一家公司工作，因为工作出色，不久后便在公司里担任业务骨干。小张很是努力，他的梦想是成为公司销售部的主管，但却始终没有晋升机会。

去年，公司调来一位副总，这位副总姓李，因为李副总是小张的直属上司，小张便把自己的前程寄托在了这位李副总身上。

工作上，事无巨细，小张都要向李副总汇报、请示；生活中，每逢过年过节，小张都会带上丰厚的礼品到李副总的家里。当然，李副总对小张也是照顾有加。眼看自己就要得到晋升了，却发生了一件令人意想不到的事。原来，李副总几年前曾主管过一个项目，当时在资金上比较混乱，不知哪位好事者向总公司反映了这一情况，结果李副总被公司调到了人烟稀少的研发部门。明眼人都看得出来，李副总恐怕是再也没有翻身的机会了。

这个突如其来的变动使小张措手不及，使得他能够在李副总的提拔下升职的愿望成为泡影，于是，他一改往日对李副总的殷勤备至和阿谀奉承，甚至连正眼都不看李副总一眼，因为他再不想与这个前任领导扯上任何关系。

研发部是个清水衙门，加上以前的同事现在都对自己冷眼相看，这使得成为主管的李副总不由得慨叹起人心莫测和世态炎凉来。

正当李副总的心境低落到了极点的时候，研发部的小马却在节假日来拜访他。这不禁让李副总深感意外："虽然我名义上是个研发部的主管，但是，你也知道我已经没有任何实权了……"

听着李副总伤感的话语，小马毫不介意地说："我并不是来求您办事的，只是我认为福祸相依，眼下您认为的坏事也有可能变成好事啊。既然公司已经把您调到了研发部，您完全可以借着这个机会大搞研发，听说您以前可是咱们公司的顶尖专家啊！"

李副总被小马的话感动了，自从他没有实权之后，根本没有人这样安慰过他。然而，这个看上去还有几分书生气的小伙子却没有像其他人那样疏远他，而且他说的话很有道理："现实中，有些时候，环境是无法改变的，既然我们不能改变环境，不如改变一下面对逆境时的态度。无论面对怎样的环境条件，都应该尽自己最大的努力，只有这样做了，在今后的人生道路中才不会后悔。"

李副总很受鼓舞，他决定要在研发部门闯出一番天地来。

半年后，由李副总带头的一个科研项目取得了重大突破，并获得省级技术进步奖，为此，李副总被公司评为科技进步带头标兵。不久后，从公司的监察部门传来消息，当年李副总负责的工程账目已经理清，李副总并没有任何经济上的问题，他是清廉的。最后，经公司董事会决定，李副总官复原职，又回到了原来的工作岗位上。

李副总晋升后，进行了一番重大的人事调整，小马被任命为研发部主管，小张则被调到了后勤部门做协助工作。

上述案例中，小张与人交往时功利性太强，而小马则在别人困难的时候结识别人，最后，两人的结果截然不同。不过，小张和小马却有一个共同点，那就是他们都结识了对自己有所帮助的人。对于李副总来说，他结识了不同的人：小马值得结交，而小张并不值得结交。小张和小马与人交往的心态不同，小张见风使舵，小马则真诚与人交往。

现实生活中，人与人之间有着太多难以辨清的是非真伪，人们需要朋友，但并不是所有的人都适合做朋友，那么，人的一生到底需要结交什么样的朋友呢？美国作家汤姆·拉思认为，以下8种朋友是值得结交的：

（1）成就你的人。

这类朋友也可称之为导师型，他们会不断激励你，让你看到自己的优点，能经常在事业、家庭、人际交往等各方面给你提供许多建议。

（2）支持你的人。

一直维护你，并在别人面前称赞你。当你遇到挫折时，这类朋友会帮你分担一部分的心理压力。在一个人的成长过程中，朋友的支持与鼓励无疑是最珍贵的。

（3）和你志同道合的人。

和你兴趣相近，也是你最有可能与之相处的人。与这类人在一起时，你会有被触摸心灵的感觉。和他们交往会帮助你不断地进行自我认同，更容易实现理想，并可以快乐地成长。

（4）给你牵线搭桥的人。

这类朋友是"帮助型"朋友，在你失意的时候，他们会及时地出现在你面前，给予你最现实的支持。

（5）给你打气的人。

这类朋友会是很好的倾听者，在他们面前，你能够完全放松，没有任何心理压力，你可以淋漓尽致地发泄出自己的"郁闷"，重获平衡的心态。

当然，能让你开阔眼界的人、给你引路的人、能够陪伴你的人都是适合结交的朋友。

结交朋友时一定要擦亮眼睛，朋友是一生的财富，如果结交了不值得结交的人，不但不会对自己有所帮助，反而会给人生造成遗憾，而结交到值得结交的人，则会使自己受益终生。

益友与损友的初步甄别术

真正的友谊是什么样子的？真正的友谊是真挚、健康和高尚的，真正的友谊是经得起时间考验的。能给你这种友谊的人是你的益友，益友可帮助自己进步，而损友不但帮助不了自己，反而会给自己惹祸，损友是不应该结交的，但益友与损友在日常生活中却是极其难以甄别的。

益友，是指那些品德高尚、志同道合的朋友，这些人，会对我们的人生产生积极影响，他们的存在，使我们的生命充满了温暖并富有意义。损友则是那些品德低劣、损人利己的朋友。相对于益友来说，损友的存在对我们有害而无利。《论语·季氏》中对益友和损友有很好的诠释："益者三友，损者三友：友直、友谅、友多闻，益矣；友便辟，友善柔，友便佞，损矣。"这里面对益友和损友进行了初步的甄别，即正直、诚信、知识广博的朋友是益友，我们要善于与其结识，从中取经问道。而那些谄媚逢迎、表面奉承而背后诽谤人的人则是损友。在我们的生活中，益友和损友往往是同时存在的。

最近，吕娜很是郁闷，因为她的一位朋友总是对她冷嘲热讽，使她原本挺好的心情变得非常沮丧。

吕娜中等长相，为人比较开朗，在北京一家公司做前台。虽然她已经28岁了，但一直单身，周围有人追求她，她却一个也看不上，吕娜给自己定下的目标是，要找一个"有房有车、月薪过万"的男友。当得知吕娜的择友标准后，那些想追求她的人都被吓跑了。

在北京这座城市，对吕娜这种外地人来说，买房有些不现实，所以，要找一个有车有房的男朋友实在是太难了。时间一长，很多同事便在背地里嘲笑她，他们觉得吕娜的目标太不切实际了。的确，吕娜没有出色的外表，找对象虽然不是难事，但是以她提出的标准来找却很困难。

第十二章 精简社交：快速清理无效的人际关系

在将近一年的时间里，吕娜身边没有一位男士向她表白，公司的客户中很多都是成功人士，有房有车，但是他们大都有老婆有孩子。渐渐地，吕娜认识到自己的标准的确是有些不切实际，便重新对自己进行了一番再认识，之后降低了标准，并很快与一个"无房无车、底薪三千"的销售员谈起了恋爱。

看到吕娜找到了真心爱她的人，她的很多朋友心里都松了一口气，觉得她终于找到了自己的人生轨道，而不再不切实际地只盯着房子、车子和钱了。吕娜自己也挺高兴，她认识到，谈恋爱应该把感情放在第一位，而不是只盯着对方有没有钱。

但这时候，吕娜的一个女性朋友唐荣在得知吕娜的男朋友是个没房没车族，便嘲笑起她来："你怎么了，不是说好要找个有房有车、月薪过万的吗？怎么这么穷的人你也接受？依我看，还是和这个穷小子分手吧，他可比我老公差远了。"

听了唐荣的这番话，吕娜有些尴尬，脸色变得很难看，但唐荣像是担心吕娜听不懂她的话，依然自顾自地说着，当然，都是一些挖苦吕娜和她男朋友的话。

得知吕娜因唐荣的一番话而更加苦恼时，吕娜的另一个好友张可不禁安慰起吕娜来："别听唐荣胡说，如果两个人感情好，还怕没有钱？和一个一无所有的男孩子一起开创自己的未来是一件多么幸福的事啊，想当初，我不也是从一穷二白过来的吗？"

有了张可的话，吕娜的心情好了很多，既然自己已经选择了，就是经过深思熟虑的，不会因为别人的三言两语就与男友分手。不过，自从这件事之后，吕娜渐渐地疏远了唐荣，即使是偶尔碰见了，也只是寒暄几句，不再像以前那样推心置腹了。

故事中的唐荣无疑就是典型的损友。吕娜之前的择偶观对人品没有任何要求，只是要求对方"有房有车、月薪过万"，这是典型的拜金主义，当发现自己的择偶观有问题时，吕娜及时进行了纠正，踏踏实实地找了一个男孩子谈恋爱。如果是真正的朋友，当看到吕娜身上的这种转变时，应该为她感到高兴，应该鼓励她，而不是嘲笑她。但是，唐荣却恰恰相反，她认为吕娜不值得找一个没房没车的男友，这种人，正是吕娜生命中的损友。相比之下，吕娜的另一个朋友张可所说的话则句句有道理，这种朋友正是生命中的益友。

在现实生活中，像唐荣这样的损友很多。虽然他们的动机和表现形式并不相同，但是目的却都是让对方变得不快乐。既然益友和损友的差距这么大，那么，甄别便变得相当重要。

益友，不一定能为我们锦上添花，但一定能为我们雪中送炭；不一定会庸俗地给予我们财富，却一定能给我们思想上的启迪；不一定能随时陪伴我们，却一定能在我们陷入困境时及时出现。在他们面前，我们可以毫无顾忌地诉说自己的酸甜苦辣，他们则会认真地倾听。当我们有错误的想法或行为时，他们会适时地给我们一个良好的建议，而不会纵容我们的无知。

而损友呢？会给我们的工作、生活、经济、感情等方面带来损失，与他们交往，轻者会浪费时间和金钱，重者可能会给事业和情感带来刻骨铭心的损害。

真诚对待身边的人，擦亮眼睛，去准确识别益友与损友。如果发现身边有损友，最好的办法就是不理他，默默地疏远他，不给他破坏你心情的机会。当然，善交益友也要区分真正的友谊与"江湖义气"或"哥们义气"。

第十二章
掌握社交技巧
良好的社交从改变思维开始

焦点效应：给对方戴上主角光环

人与人之间的交往，主要体现在言谈举止上，如果一个人在与他人的交往中过度以自我为中心，处处表现出一副"唯我独尊"的样子，那么，这样的人只会令人反感，甚至厌恶。

这种人好面子，自尊心强，又十分自负，高估周围人对自己的外表和行为的关注度。总而言之，他们选择了以自己为焦点，而忽略了对方，最终只会令自己的亲人、朋友、同事慢慢疏远自己。

要想结交更多的朋友，使自己拥有一个好人缘，成为令人羡慕的"社交达人"，不妨尝试着将焦点效应转移，让你的交际对象成为焦点、成为主角。与人交往，给对方戴上主角光环，既体现出我们的谦卑，又展现了我们对对方的尊重。让对方成为交际活动中那颗最闪亮的"星"，使对方感到自己受重视、自身价值得到认可。令对方优越感得到满足，能够使你赢得他更多的好感，使你成为一个受欢迎的人。

老李是某网络公司总经理，在公司中他是出了名的好人缘，原因就在于他不端架子，从不以自己总经理的身份来管理大家，在大家心中，他是一位颇受欢迎的好朋友。

一次，老李召集大家开会，打算对公司一个月来的经营状况做相关总结和对下月进行规划。一般公司，都会是由总经理将一系列内容进行陈述，然后对接下来的相关工作进行人员安排和部属。

然而，老李却采取另外一种方法：抛掉总经理身份，与公司员工打成一片，让公司员工总结工作、谈规划，使公司员工们成为整个会议的主角。

员工们积极发言，对于公司经营状况总结和下月规划有着说不完的想法和建议，整个会议室好不热闹。

经过集思广益，一份新的方案策划成功"出炉"。

老李的成功之处在于他懂得如何巧妙地运用焦点效应，懂得如何在交际场合中给员工们戴上主角的光环。他不以总经理身份自居，不端架子，注意倾听员工们的心声，在员工心中留下了良好的印象。员工们感受到了老李对他们的尊重和认可，心中自然而然地就对老李产生了好感。

在社交中，社交高手经常会懂得为对方戴上主角的光环，他们会尽力让对方表现自己，让对方占上风，而对于自己，则会用简单的几句话带过。这种竭力为对方制造表现机会的社交方法既体现出一个人的礼貌，又轻松地赢得了人心，获得了对方的好感和认可。

给对方戴上主角的光环，让对方成为焦点，可以采取以下办法：

（1）学会倾听。

倾听是一门艺术，善于倾听，是人际交往中一种有效的沟通手段。做一个好的听众，让对方成为谈话的主角，倾听对方的心声，使对方掌握谈话的主导权。这样一来，既让对方感受到你对他的尊重，又使你获得了对方的认可，增进了双方之间的友谊，提升了你的社交魅力。

（2）不炫耀自己。

与人交往，不要总是滔滔不绝地谈论和炫耀自己，这样的表现只会令对方反感甚至生厌。要想获得对方的好感，赢得更多的朋友，有效的办法是多多制造机会让对方成为谈论的主角，让对方去谈论自己的成就和建树。这样一来，你便会赢得对方的认可，在对方心中留下一个好印象。

（3）多询问对方的观点。

聪明人与人交往，总会让对方多说，让对方感受到自己是主角，给对方以优越感。例如，双方商讨某个话题，你可以多询问一下对方的看法和建议，切忌以自己为中心而忽视对方。

与人交往，给对方戴上主角的光环，让对方成为焦点，既能帮你获得对方的认可，又帮你赢得了朋友。反之，将焦点转移到自己身上，以自我为中心，这种自私、过分自我的表现只会令人生厌。

多聊对方感兴趣的事

试想，当一个人在面对他人时，一直谈论的是自己感兴趣的事或物，殊不知，对方不一定对这个话题感兴趣。在双方没有共同语言的基础上，对方的反应会是什么？要么就是硬着头皮继续听你不厌其烦地谈论，适当的时候朝你点点头或者微微一笑以表示尊重，要么就是心生反感或厌恶，找各种理由中止谈话。这种令对方感到乏味的聊天只会使你在对方心中留下一个不好的印象，从而使对方产生不愿意和你交往的心理。最终，你的朋友会越来越少。

与人交往，聪明人懂得投其所好，会选择多聊一些对方感兴趣的事或物。这是打开双方话匣子的前提，是彼此能够进行顺利沟通的重要保障。

某杂志公司负责摄影的员工曾经讲过这样一个故事。

他去邀请一位知名女模特拍摄杂志封面。该模特出了名的难合作，经常各种耍大牌，各种刁难，令很多杂志社的摄影师大伤脑筋。所以这名摄影师在见到模特本人时十分紧张，就跟以前大家遇到的情况一样，一见面这名模特就对摄影师说："我只有一个小时的时间，拍完后把照片让我的助理看一下，如果他不满意的话，你们就需要重拍，不过重拍时间等我的助理通知你们再说，因为我一周只接一次活动。"摄影师刚与她见面，她就给他来了一个下马威，这令他很不爽。

于是他撤换话题，对这名女模特说："久仰您的大名，我们先聊几分钟，然后再给您拍摄。"见对方对自己如此崇拜，这位模特便点了点头，她说："好吧，先聊一会儿！""最近得知您去参加巴黎时装展了，看到您的穿搭，太有范儿了，网友们直呼您太美了，不仅长得漂亮，还很懂得服装搭配。"

摄影师把前几天在新闻上看到的有关该模特参加时装周的报道搬出来。"是吗?其实服装搭配这方面我不是很懂,都是我的经纪人和经纪公司帮我搭配的。"模特略表谦虚。"其实您平时的穿搭也很有品位,就拿今天来说,今天这一身服装就很有格调!"摄影师竖着大拇指对她称赞道。

模特微微一笑:"今天这套衣服是我自己搭配的!"摄影师又赶忙说:"很不错,这套衣服很配我们本期杂志的主题,相信为您拍出来后肯定会特别有型、特别美!""那我们赶紧拍吧!"模特表示很期待的样子。见她如此合作,摄影师内心感到十分兴奋,最终拍完后,模特交代助理不用去看底片了,她表示完全相信对方的摄影师,并向对方表示期待下次合作。

摄影师抓住了模特感兴趣的话题,谈话时从对方关心的事情出发,使得对方与他产生共鸣,对他产生信任,并很快敞开心扉。融洽的谈话氛围很快促成了合作。

通常情况下,人们只愿意与那些同自己有共同话题的人交往。与人打交道,聊天时多谈论一些对方感兴趣的事,无形之中暗含了对他人的赞美和肯定,同时,这也是消除对方戒备心理、使对方对你产生信任心理、赢得对方好感的有效手段。

人与人相处,多聊一些对方感兴趣的事,谈论对方的爱好和兴趣,无疑是人际关系和谐发展的重要保障。关键是,如何才能快速得知哪些内容是对方感兴趣的事物呢?

(1)从对方的职业出发。

与他人聊话题,关键就是聊对方擅长的东西。可以先从对方的职业出发,聊一些与对方职业相关的内容。比如:对方是一名律师,你可以就做律师是不是很辛苦、一些法律条文内容或相关案例等一些他很了解的东西与他讨论,这样一来,对方就会感到与你很亲近,认为你们之间有聊得来的共同话题。

（2）通过他人收集信息。

通过平时向他人询问有关消息，来得知一些对方感兴趣的事物，然后我们将这些信息收集起来记在心中，待与对方沟通时聊一些相关内容。这样一谈论到对方的兴趣与爱好，既能让对方感到受尊重，又赢得了对方的好感与信任，有利于增进彼此间的距离。

（3）充分调查。

如果想在对方心中留下良好的印象，不妨在进行交流之前对对方做一个充分的调查了解。只有在充分了解对方的前提下才能深知对方的内心世界，才能在交谈的过程中立刻抓住对方的兴趣所在。

听懂"口头禅"里的弦外之音

你有自己的口头禅吗？你身边的人呢？他们是不是都有一句彰显着自己个性的、又时常挂在嘴边的话呢？口头禅是我们生活中都会碰到的一种现象，很多人都有属于自己的口头禅，这并不是什么稀罕事，但是你知道吗，口头禅有时候有可能代表着一个人的性格信息。

或许有的人并不认同"口头禅"这种东西，觉得这只不过是随口一说而已。平时谁会在意这个，说者是习惯使然，听的人也是听过就算了，但是真的是这样吗？

下面是一些很典型的口头禅，只要一听，我们就可以基本上了解一个人的大体性格，比如：

喜欢说"不给我面子"——爱说这句话的人，好生事端，性格上可能很尖锐；

喜欢说"压力山大"——爱说这句话的人性格上胆小怯懦，承压能力也不强；

喜欢说"完了，完了"——经常说这句话的人，做事没头没脑，容易陷入消极的情绪中。

如果你的身边也有说这些口头禅的人，对比一下就会发现，其实真的是这样的！人的口头禅和人们说话的风格一样，都是具有鲜明特征的。

这些信息都是我们平时注意一些就可以"听"到的，对于我们的社交、工作都很有帮助。甚至有很多单位的领导都会对员工的口头禅加以注意，通过它来判断一件事是否可以交给这个人来做。

单位里有一个叫王鑫的人，他最常说的一句话就是"有些事不是我能控制的"，平时还好，大家听过笑笑算了，但有一次公司开会，王鑫却是将自己的这句口头禅挂在了嘴边。

会议上，王鑫说："你知道有些事不是我能控制的，虽然我已经制定了和产品相配套的营销策划，但实际情况如何还要看消费者买不买账。"

总经理问道："那么你是如何认定这款产品就能被那些女性接受的呢？"

"每个年龄段产品目标消费者的关注点不同，有些事不是我能控制的，我所能做到的就是让我们的广告打动消费者。"

"这些我能了解，那你能确保它能从那么多同类产品中脱颖而出吗？"

"有些事不是我能控制的……"

王鑫还没讲完。总经理就打断他的话说："打住。我要是什么都知道还问你做什么。还有，你有什么事情是可以控制的？我建议你先把自己的说话水平提高一下，现在换个人来介绍这款产品吧。"

王鑫和同事抱怨："没有发生的事情我怎么控制得了，我现在跟他保证，要是真的出了问题，难道要我负责任吗？"

大家一开始也觉得似乎是经理要求得有些过分了，后来一位资历较深的员工说道："你们难道没有发现吗？王鑫平时做事就害怕担责任，做事没有责任心，总是担心着千万别有什么不好的事情落在自己头上，久而久之就养成了'这不是我能控制的'这么一句口头禅。经理虽然没怎么认真了解过他，但是王鑫开会时总是将这样的一句话挂在嘴边，确实很让人火大。"大家听后想了想，觉得确实是这样的。

"有些事不是我能控制的。"因为这样一句小小的话惹上司生气，王鑫的例子让我们看到了"口头禅"的影响力；同时，也让我们知道了，口头禅的形成并非没有缘由。所以，一个人的口头禅里也是藏了不少信息的，我们要学会辨别这些信息，并恰当地运用它。同时注意自己是否有口头禅，自己的口头禅是否有不妥当的地方，应加以注意。

　　社交活动中，语言的沟通是最为重要的。我们都试图让自己的语言变得更得体、更传神，不过在很多时候，一句小小的、不合时宜的口头禅，会不经意地抹黑我们的形象，让我们在别人的印象中一落千丈。

　　所以，口头禅这个东西对于我们的日常交际来说是非常值得注意的，一定要引起重视，学会通过别人口中的口头禅，了解他是什么样的人，自己如何与他交往等；同时，要注意自己有没有不当的口头禅，如果有，应及时改正过来。

暴露"弱点"，是麻痹对方的绝佳手段

　　在日常生活中，我们不愿向别人展示自己的弱点，因为同样是生活，大家又同样是成年人，也许是出于"谁怕谁啊"的自尊心吧，反正暴露弱点好像总不是那么光彩。但是在职场中，暴露弱点，是麻痹对方的绝佳手段。

　　但是我们经常会有这种感受，在和好朋友聊天的时候，我们更倾向于，在听到好朋友说出他的隐私时，我们也会毫不犹豫地诉说自己的隐私，好像只有这样做，才能够向朋友表明，我们和他是平等的，因为也有很多会成为让别人侧目而视的经历。心理学上，这叫作暴露自己的弱点。然而能不能成为麻痹对方的手段，就要看我们如何处理了。

　　每个人都有一些不愿为外人知道的隐私，这些隐私也许对某些别有用心的人来说，就是弱点，他们会为了达到自己的某些目的，就随便散

播你的隐私，对你的权益造成侵害，所以有些会成为你弱点的隐私，还是埋藏在心里吧！

在社交生活中，暴露弱点，是麻痹对方的绝佳手段，但是也要分角色。首先，作为这个技巧的主动运用方，要明确被麻痹的对方，是否有被你麻痹的必要，如果你为了追求一己私利，把大众的利益作为敌人，来运用这个技巧，那是不正当的，是不值得被鼓励的。

不只在社交中存在"暴露弱点，是麻痹对方的绝佳手段"的现象，在生活、学习中都有这样的现象，所以我们在想倾诉自己心声的时候，要找那些跟你利益不是竞争关系的人，也不要很随意地，为了表示你对朋友的尊重，就把你的弱点暴露给朋友。

美国有一家公司明文规定：公司员工不得以任何形式来散播隐私，因为在职场中，有些隐私会成为关乎公司存亡、员工工作成败的关键因素，难免有别有用心的人会把这些隐私当成公司的弱点，来达到他们的目的而损害公司、个人的利益。

每个人的心门都不会很轻易地向所有人开放，而当人们向他人倾吐自己的隐私、暴露自己弱点的时候，其实也希望他人能够以他们的弱点作为回馈，这样才显得公平，这样也会更轻易地达成亲密的关系。

而作为没有打算运用这个技巧的人们来说，我们如果不想失去某些重要的既得利益，就应该小心谨慎地向别人倾诉。或者说，你可以在心情抑郁的时候，暴露一下假的弱点，试探倾听者是不是大嘴巴。总之要保证，你是在没有严重后果的情况下暴露你的弱点、倾诉你的苦恼的，否则，原本让你苦恼的事情，可能会让你的心情雪上加霜。

喊对"称呼"，让好感度不断上升

称呼在社交中属于交际学名词，它指的是人们在日常社交中，所采用的彼此之间的称谓语。我们都知道，人与人之间的交往是从称呼对方开始的，那么如何开口称呼对方，便成为社交中一个非常重要的问题。

喊对称呼，称呼他人时选择准确、适当的称谓语，能够反映出你对对方的尊重，折射出一个人良好的内在修养，这在无形之中就能赢得对方好感，使对方对你的好感度不断上升。随便乱用称呼、导致称呼错误，不仅会让对方觉得你不礼貌、没教养，还会引起对方的反感，产生误会、激发矛盾，不利于人际关系的和谐发展。

一次，王先生出门买早餐，便由于称呼不恰当，引起了对方的反感。

王先生来到一个卖煎饼馃子的摊位，准备买一份煎饼馃子来当作上班路上的早餐。由于自己平时大大咧咧的性格，他冲老板娘喊道："喂，给我来一份煎饼馃子！"就这么随口一喊，让他想不到的是，老板娘根本没有搭理他，而是继续忙着煎饼馃子的制作。

当时，王先生以为她没有听到，然后又大声地说："我要一份煎饼馃子。"老板娘仍然没有将煎饼馃子卖给他。这时，从王先生后面走来了一位顾客，这位顾客边从钱包内掏钱边说："老板娘，您好，我要两份煎饼馃子。"老板娘欣然为他装上了两份，并微笑着说："您慢走！"

王先生看到这种情况，感到十分生气，他对老板娘说："你为什么卖给别人煎饼馃子，唯独不卖给我？"这时，老板娘转过身来面对他说："先生，做人要懂礼貌，您刚刚对我说的'喂'很明显是对我的一种不尊重，甚至可以代表对我们这种人的一种鄙视，至于我为什么卖给其他顾客，是因为他们都很有礼貌。这次我就将煎饼馃子卖给您，希望您以后多注意一下，称呼他人时要注意措辞。"

王先生拿到煎饼馃子后，脸红地走了。

从王先生的这件事情当中我们可以看出喊对称呼是多么重要。人与人交往，喊对彼此的称呼，是一种礼貌，也是在对方心中产生好感的关键性因素之一。称呼他人是一门极为重要的学问，喊对称呼，让好感度在对方心中不断上升，可以遵循以下原则：

（1）根据对方身份、职业直接称呼对方

对于某些特定的身份或从事某些特定行业的人来说，我们可以直接称呼对方的职业，比如医生、老师、律师、法官等，我们就直接称呼为"医生""老师""律师""法官"，当然也可以在这些职业前面添上对方的姓氏或者姓名。

（2）要看对方年龄

称呼比自己年龄大的长辈时要用"您"而不是"你"，这是对长辈的一种尊重；对于同辈，如果双方没有特殊关系（如亲戚、领导与员工、身份地位不同等），可以直接称呼对方姓名；对于那些比你年龄小的晚辈，也是直接称呼对方姓名。总之要讲究礼貌，体现出对对方的尊重，这样在对方心中的好感度才会不断上升。

（3）要考虑区域性差别

国家与国家之间、各民族之间的政治、语言、风俗习惯等存在差别，要在了解对方国家、民族文化、语言、风俗习惯的基础上恰当选择相应的称呼，入乡随俗。否则，称呼不对，容易引起对方的误会，给沟通带来不便，不利于人际关系的和谐发展。

总之，选择称呼要准确、恰当，我们要懂得根据不同的交往对象、不同的交往情况，多方面考虑如何称呼对方。喊对称呼，在对方心中的好感度才会不断上升。

强势一分，对方的顺从就会多一分

读小说《狼图腾》我们了解到：狼会钻入獭洞，把大獭子赶尽杀绝，把小獭子一个不剩地叼出来，作为自己的美餐，然后自然而然地把獭洞改造成自己的洞穴。狼给人的印象，一直是强势、凶残毒辣的，它们在残酷的自然环境中艰难谋生，如果不强势地对猎物们狠下杀手，又怎么能得到维持自己生命的猎物呢？

狼的强势是如此强烈，这不禁让人想起了，在激烈的商战中，只有像狼一样强势，方能把生意上的竞争对手消灭或者兼并，从而确立自己在商界的强势地位。在生物界的弱肉强食，在商场上就会演变成强势一分，对方的顺从就会多一分。

美国策略研习学会主席朱津宁曾经说过：强势的本能不只属于邪恶、狡黠的人，它对于善良、正直的人们同样有益。为了使自己变得强大，我们必须强势起来，做出一系列弱肉强食的事情以壮大发展自己的势力，才能在残酷的商战中存活下去。

很多时候，狼为了得到美味的獭肉，不惜召集伙伴，合力围住獭洞，捉住大獭，当场食用，然后指使小狼，进洞捉住剩下的小獭子，赶尽杀绝。狼的这种强势行为不难理解，因为生存是生物的本能，狼只有找到食物，才能生存下去，人际交往也是如此！

美国的石油大王洛克菲勒这样说："当红色的蔷薇含苞待放时，唯有剪去四周的枝叶，才能在日后一枝独秀，绽放成艳丽的花朵。"就在普法战争的时候，他兑现了这句话。当时战争爆发，并没有令石油行业大展拳脚，反而使石油行业一度低迷，因为用于战争的车船还主要用煤炭来做动力。

而由于战争，和平产业的石油需求量也一路下滑，就像美国经济大危机时，商家为了保价把牛奶和面包倒进河里一样，石油生产商们也召开了紧急会议，并已经启动了保价计划：不再增加石油的生产量，反而减少石油的生产量。

但是，仍然有很多的石油生产商不守信用，违背约定，偷偷生产销售石油，致使石油价格一路下跌，这让其他的石油生产商也一路跟着亏本。实力雄厚的洛克菲勒，决定强势一回，狠下心来，收购合并了很多小规模的石油生产商，就像剪掉多余的枝叶一样，洛克菲勒的强势举动，使他在石油产业里一枝独秀，向着石油大亨又迈进了一步。

第十三章 掌握社交技巧：良好的社交从改变思维开始

摩根是一个强势的华尔街人，他竟能用他的强势令罗斯福总统顺从。事情是这样的：在美国经济大危机的时候，经济衰退，公司纷纷倒闭，工人失业，政府想要实施救济，可惜，长期的经济下滑，使国库也异常空虚，政府根本心有余而力不足。

一向强势的摩根立刻组建了一个辛迪加，主要用来承办黄金公债。以为政府解围的名义，趁机谋取国家的好处。摩根提出了很多苛刻的条件，国会不同意，总统当然也没有答应。于是总统、国会和法院一起商议，决定通过发行公债来筹集资金，强势的摩根当然会以各种手段进行百般阻挠，最后意料之中的，公债并没有发行成功，而面对当时全国严峻的形势，总统也只好选择向摩根这个财阀来求助。

摩根保持着一贯强势的作风，悠闲地与总统交谈着，而总统则每隔5分钟，就声称去一次厕所，而事实上，是去与隔壁的财政部部长商量对策。虽然每次总统都尽力争取让摩根的条件稍微让步，但没有一次成功。

摩根的这次"打劫"，赚取了国库1200万美元的利润和一些其他的好处，是的，心狠手辣的摩根，趁着国家的危难，赚取暴利，却不会为自己的行为而感到丝毫的羞耻，也恰恰是因为他的这次"抢劫"，奠定了他在美国华尔街的大亨地位。

在社交生活中，"得寸进尺"的现象时有发生，也许你会认为，对朋友或者有交集的人做出让步，他们一定就会感觉得到。然而，不巧的是，这样的想法，很多时候只是你的一厢情愿。

你对别人做出的忍让，会让他们觉得，你很有可能占了他们更大的便宜。于是，他们的得寸进尺就开始了，于是你开始心累了。其实很多时候，你强势一分，对方的顺从就会多一分。你强势一分，就少出很多麻烦，办成事情的效率也会高一分。

欲震慑对方，那么不妨适时表达愤怒

生活中我们难免会因为别人的行为或者言语而感觉不太舒服，甚至是愤怒，不管这个人是亲戚、朋友、恋人抑或是陌生人。有时候我们需要控制自己的情绪，然而有时候，欲震慑对方，我们不得不表达自己的愤怒。

这时候，我们应该想起心理学家伯莱克的话语：别人的言行总是很容易就遭到我们的误会，在忙碌的生活中，只有八面玲珑、足够机灵的人，才不会轻易触犯他人，一旦出现了误会或隔阂，受委屈的那一方便会心存疑虑，甚至寝食难安。在他们心中敌意的种子暗暗滋长，嫉恨被逐渐培养。

欲达到震慑对方的目的，需要适时地表达愤怒，那我们该如何表达愤怒呢？不要忘了，往往让我们感到愤怒的人，大都是比较亲近的人，如果用大声的吼叫来表达愤怒，不仅使对方失了面子，也会让我们成为不文雅的人。

所以在表达愤怒的时候，语气一定要温和。让我们来回忆一下，友人做出让你愤怒的举动或者说出让你愤怒的言语的原因吧。

首先，极有可能是我们完全误解了友人的意思，他说要帮你，结果你听成要你帮他，还是在你最忙的时候，这时候你的愤怒是由于你的误解。

其次，人的情绪爆发是有很多累积点的，你在向友人表达愤怒之前，就已经有很多的不愉快了，只是需要一个爆发点，于是你盯上了你的友人，你想反正是友人，向他表达一下愤怒很正常，于是友人很不幸地成了你愤怒的炮灰。

让你愤怒的理由，尚且如此善良，那你又有什么理由，不温和地对你的友人表达愤怒呢？你只要试着温和地将你的愤怒对友人说出来，问题就会得到解决，烦恼就会消除，何乐而不为呢？

另一方面，如果我们有愤怒了，既不愤怒地回击友人，也不向友人温和地表达出来，而是默默地憋在心里，会有什么样的后果呢？伯莱克的话给了我们答案：朋友令我生气，但如果我们不说出来，怒气只会越来越大。这怒气，你若放任不管，最终会演变成你对朋友的深仇大恨。

有这么一个故事：美国的一对夫妇，他们的大女儿在暑假的时候，要和同学们租车从东岸开到西岸，再坐飞机从西岸飞到东岸。母亲劝说孩子，这样做太危险，她们还小，可以等长大一点再去。

而父亲却支持女儿，他认为，年轻人应该多闯荡闯荡，认识认识世界，母亲生气极了，但是更让她愤怒的是，他们的大女儿竟然听从了父亲的建议。到底是年轻气盛，这些孩子由于通宵娱乐，开车的时候疲劳驾驶，意外发生了，大女儿当场死亡。

在医院里，母亲瘫倒在地，连站起来接受这个事实的勇气都没有，她愤怒于丈夫当初没有阻拦孩子，这愤怒由于没有温柔地向丈夫表达出来，而逐渐被她演变成了深仇大恨，很快她和丈夫离了婚，怨恨使她在失去女儿的同时也失去了丈夫。

生活中，越是和我们关系亲近的人，我们就越是把握不好分寸。我们会因为怕失去朋友间的友谊，而不敢向朋友表现出我们的不满，即使朋友做出非常让我们难以忍受的事情，我们也会因为敬重长辈和上级的权威，而忍住不去提醒他们的不恰当言行。

但事实会告诉我们，也许我们的忍受是错误的，因为每到生气的时候，我们会痛得无法呼吸。对他们的抱怨也会增加许多，这些抱怨，就像伤疤一样，每每碰起来都会很疼。既然不表达出我们的愤怒，让我们如此痛苦，倒不如痛痛快快地适时表达自己的愤怒，来震慑对方，让对方收敛自身，这才是表达他在你心目中尚且重要的最佳方式！

在日常社交活动中，我们想震慑对方，需要适时表达愤怒，但是我们需要做到：

（1）震慑也要有度，物极必反，不是我们非要把对方逼到绝境才叫震慑。适当地表达愤怒，能够继续自己的工作、生活和学习，就可以叫震慑。

（2）我们需要表达愤怒，但是简单粗暴的方式显然损人不利己，所以应该选择温柔的方式，能够表达你的愤怒，震慑住对方，让对方知道，他某些地方的言行是不合理的，就达到表达愤怒的目的了。

装糊涂，解除对方戒心的灵丹

糊涂，也就是我们经常所说的傻，但是这里的糊涂跟智商低下没有关系。糊涂是处世之道，是交际之道，我们无法做到事事、时时保持着警惕，绝不让别人多占自己的哪怕一点小便宜，当然即使我们做到了，恐怕早已众叛亲离了。

《红岩》中，在渣滓洞里面的革命者，为了逃过了敌人的检查，装疯装傻，出色地完成了地下党交予的革命任务；《狂人日记》中有很多批判当政者的犀利文字，但是聪明的鲁迅，一句"救救孩子们吧……"使得当政者放松警惕，才使他的作品得以成功出版，由此他也成了我国文坛上的巨匠；屈原的《离骚》，被当政者嗤之以鼻，屈原太聪明了，他学不会，也不愿意学习装疯卖傻的本事，于是"众人皆醉我独醒，众人皆浊我独清"的呐喊，穿越了时空，成为他纵身投入汨罗江的绝响。

在商朝末期，商纣王由于每天沉迷于酒色，而忘记了日子，问左右的亲信，无人知道，于是就派遣人去问箕子，箕子如此聪明智慧的大臣，一定知道这天是什么日子。

但是出人意料的是，箕子却对身边的亲信说道：身为一国的君主，能够让所有人都忘却了日子，如果全国上下就唯独我知道，那我离危险也就不远了。于是他就打发纣王派来的人说，自己也不记得到底几月几日了，因为昨天晚上喝了很多的酒。

由于箕子的及时糊涂，使得他在商朝灭亡的时候，仍旧能够很安全地颐养天年。同样，有一次齐国的大臣斯弥去见田成子，他们相约一起爬山登高望远，在他们登到山顶往下望的时候，细心聪明的斯弥，听到天成说道，四周都很空旷，唯独斯弥家房子周围的树木很突兀。

回到家，斯弥就让手下的人着手把房子周围的树木都砍掉，就在手下把树木砍到一半的时候，斯弥突然下令留下这些树木，他对身边的人讲了这样的理由：田成子看到房子周围的树木很突兀，说明他有谋朝篡位的野心，而自己如果把树木都给砍掉，说明看穿了他的野心，那自己离危险就不远了。

果然不久田成子真的谋朝篡位了，很多提前看出他野心的人都被田成子谋杀了，斯弥却因为自己及时的糊涂，躲过了被害的不幸。"难得糊涂"历来被称为聪明的处世之道。

装傻充愣是解除对方戒心的好方法，也是以退为进的妙计。三国时期，魏明帝死时，太子还年幼，就由大将军司马懿和曹爽共同辅佐太子执政，曹爽是皇室宗亲，野心勃勃，总是想谋朝篡位，于是就视司马懿为自己掌握江山的巨大绊脚石。

而司马懿是三朝将军，怎么也不肯平心静气地辅佐太子，不甘心一直当大将军，他是梦想着有朝一日能够拥有祖国的大好河山，现在又被曹爽像贼一样防着，于是他决定装糊涂，解除对方的戒心。

司马懿在谋划篡位的时候，经常称病不上早朝，还不惜在探病者的面前自毁形象，经常是歪着嘴巴，流着涎水，像中风一样。这下曹爽可放了心，他认为司马懿年龄又大，身体又不好，怎么也不会和谋朝篡位联系在一起的。

就在那个春天，按照往常的惯例，皇帝宗亲要去祭扫高平陵，也和往常一样，司马懿仍旧称病不去，而曹爽作为皇帝的叔叔，当然不会缺席。

就在他们出城的时候，司马懿带着司马昭一些人等占领了皇城，并逼迫皇太后写下贬曹爽为平民的圣旨，并秘密追杀了曹爽以及和曹爽一起试图谋朝篡位的人。

曹爽做梦也没有想到自己竟然会被一个病秧子砍首。不可否认曹爽作为辅佐皇帝的人确实缺少才华，但可以肯定的是司马懿作为想要篡位的人，用装糊涂解除了曹爽对他的戒心。

装糊涂，要演得像一点，在别人眼里，你也并不是真的糊涂，他们更愿意认为，你是平易近人、性格开朗、好说话的人。平时的你，不苟言笑，让别人不愿意与你亲近，而倘若能在恰当的时候装糊涂，就能让别人认为你其实是个挺不错的人，解除对你的戒心。

生活中，总有一些人，因为有点才华就自命不凡，不懂得适时遮掩自己的锋芒。在遇到考验的时候，不懂得适时装糊涂，而是盛气凌人、义无反顾地冲上去，结果得罪了众人，又没有完成自己的目标。毕竟"人外有人，天外有天"，我们无法保证自己时时刻刻都是最优秀、最全能的那一个，但是我们不会放弃让自己成为那个最能够得到成功机会的人，先从装糊涂、解除对方的戒心开始吧！

第十四章

学会察言观色,及时拉近双方关系

真诚是打动人心的诀窍

现代社会中，若我们能够做到对人真诚，坦诚相待，那么我们便能获得他人的信任，因为真诚是打动人心的诀窍。真诚经常用来形容一个人的人格，表现为对人真诚，用心待人，用心做事，从心底感动对方，从而获得对方信任。

人与人交往，都渴望彼此能够真诚。著名的尼日利亚作家哈吉阿布巴卡伊芒曾说过："人与人之间，只有真诚相待，才是真正的兄弟姐妹。谁要是算计兄弟姐妹，等于自我欺骗自我。"英国杰出的戏剧家、文学家莎士比亚也曾就真诚发表过感慨，他说："质朴却比巧妙的言辞更能打动我的心。"

在人际交往中，真诚待人是获得对方信任的基础，真诚待人能够轻松赢得人心。真诚，区别于各种尔虞我诈的算计，它也不需要那些巧妙的语言来拉拢人心，只要以心换心，对人坦诚，不去精于各种手段的算计，即使语言质朴，即使有时会给人一种傻傻的感觉，你也能够打动对方，获得对方的好感，从而使对方向你敞开心扉。

刘备三顾茅庐真心诚意邀请诸葛亮。经历官渡大战后，刘备被曹操打败。之后刘备投靠了刘表，刘备的谋士徐庶也被曹操以徐庶的母亲生病为借口请回了许都。徐庶走之前曾向刘备献策，他说南阳卧龙岗的诸葛亮是个人才，想要得到天下的话需要得到这位奇才的帮助。

于是，刘备、关羽、张飞三兄弟便带着礼物前往诸葛亮家。不料，诸葛亮并不在家，书童说他出游去了，不知道什么时候回来。拜访不得，刘备三兄弟只好回去了。

几天后，刘备三兄弟迎着风雪再次去往诸葛亮家。到达目的地后，刘备见到一个正在用功读书的青年，便向他作揖行礼，询问他是否是奇才诸葛亮。青年告诉他诸葛亮是自己的哥哥，被朋友邀请走了。刘备第二次拜访没有见到诸葛亮，于是，他便留下一封信，希望得到诸葛亮先生的协助，好平定天下。

刘备第三次去诸葛亮家，正赶上诸葛亮在睡觉。于是刘备让他的两个兄弟在门外等待，而自己就在台阶下静静地站着。很长时间后，诸葛亮醒了，刘备便向他请教如何才能平定天下。

诸葛亮先为刘备分析了一下当今天下的形势，他说："北让曹操占天时，南让孙权占地利，将军可占人和，拿下西川成大业，和曹、孙成三足鼎立之势。"刘备听后，深感佩服，请求诸葛亮协助他。

诸葛亮同意了。

在《出师表》中，诸葛亮曾说："先帝不以臣卑鄙，猥自枉屈，三顾臣于草庐之中。"由此可见，当时诸葛亮同意帮助刘备平定天下是因为刘备多次邀请他，正是刘备的真诚打动了诸葛亮。

的确，与人交往，要想打动对方，说服别人，最重要的便是需要对人真诚。刘备三次真心诚意地邀请诸葛亮，怎能不令对方感动？

真诚对人，以心交心，是打动人心的诀窍。在人际交往中，我们应该如何使人感到真诚呢？

（1）真心诚意，不玩弄他人

这里的真诚，主要是指不算计对方，不向对方耍手段。以诚待人，从而换取他人对自己的好感。

（2）真心给予对方帮助

真诚地帮助他人，在别人遇到困难时积极主动帮助，而不是用语言来假装自己要帮助对方。真诚地帮助他人，给对方以援助之手，对方会对你心存感激，你的帮助才能打动对方。

（3）真诚要用心

你要别人怎样对待你，你就需要怎样对待别人。对人要心诚相待，以心换心，这样才能打动对方，赢得对方的好感。例如：多倾听对方，适当的时候为对方提供一些建议。

他人不满时，切记态度要谦卑

谦虚谨慎从古至今一直都是中华民族的传统美德，从孔子之时起，便讲究礼仪之道，注重翩翩君子之风。所以，现实生活中，为人处世都应该谦虚谨慎，毕竟，伸手不打笑脸人。

面对别人不满的时候，针锋相对反而只会适得其反，引起别人更大的不满，而且会显得自己小肚鸡肠。懂得谦卑的人，往往能得到别人的友善和关照，从而为将来事业的成功打下良好基础。为了培养谦卑的心态，不仅在与不太熟悉的人交往时要注意小节，尊重对方，对好朋友也要客气有礼，在求人办事的时候尤其是如此。此外，应该克服固执的毛病，积极接受别人的意见。

有些人的谦虚多少有些虚伪成分，因为它是以此为一种谋求同情和请求帮助的方法。谦虚的人将自己的欲望隐藏起来，正如一个富足的人却持大碗身着破衣向人乞讨一样。谦虚也有其深刻的社会原因，一方面，欲求利益而又不能公开争取，另一方面还要争取一个不计名利的好名声，这两种对立的人生需求构成了人格中的两个方面，而正是由于两重人性的存在，有些人的谦虚品质便有了无限的外延，甚至虚伪。

谦虚是美好的品德，同时又能使自己获得一种容易受到同情的地位。长期的压迫和人身管制，使中国人养成了憎恨强者、同情弱者的思维定式，这也是一种逆反心理。假设有两个人发生冲突，围观者支持哪一方呢？要这样决定：看两者身份而同情低贱的；看两人的年龄而同情年老（或年幼）的；看两人的性别而同情女的；看两人的态度而同情胆小的。若有一方哭起来，那必定会得到广泛的同情。

从更高的角度来讲，谦虚谨慎是建功立业的前提和基础。

谦虚谨慎是每个社会人必备的品格，具有这种品格的人，在待人接物时能温和有礼、平易近人、尊重他人，善于倾听他人的意见和建议，能虚心求教，取长补短。对待自己有自知之明，在成绩面前不居功自傲；在缺点和错误面前不文过饰非，能主动采取措施进行改正。

不论你从事何种职业，担任什么职务，只有谦虚谨慎，才能保持不断进取的精神，才能增长更多的知识和才干。因为谦虚谨慎的品格能够帮助你看到自己的差距。永不自满、不断前进可以使人冷静地倾听他人的意见和批评，谨慎行事。否则，骄傲自大，满足现状，停步不前，主观武断，轻者使工作受到损失，重者会使事业半途而废。

谦虚谨慎的品格，还能使一个人在面对成功、荣誉时不骄傲，把它视为一种激励自己继续前进的力量，而不会陷入荣誉和成功的喜悦中不能自拔，把荣誉当成包袱背起来，沾沾自喜于一时之功，不再进取。

所以，只有懂得谦虚谨慎地去面对别人的不满，去处理自己生活中的所有事情和人际关系，才能赢得别人的好感和尊重，帮助自己前进。虽然说没有必要为了迁就别人的态度而委屈自己，但是当别人生气不满的时候，自己表现得越是大方得体，谦虚谨慎，越是能显示自己的道德素养，越是能赢得别人的好感，赢得别人的信任。

有了矛盾一定要及时说开

在这个世界上，有各种各样的人，有的人内向，有的人外向，有的人大方，有的人小气，有的人喜欢热闹，有的人喜欢安静。人与人之间会有这样那样的不一样，但是，因为有相同的语言，可以交流沟通，所以，只要一个人有耐心去了解一个人，总可以理解对方。

虽然看上去这是一个简单的问题，但是很多时候，因为少说了一句话，就成了一辈子的遗憾。当自己成长，变得成熟的时候，回头看过去的自己，虽然口上说没有遗憾，不后悔，但是心里的难过还是骗不过自己。

其实，最常见的就是每年大学毕业季，有多少人，从大一开始就认识，就相互喜欢，但是因为自卑或者种种原因一直不敢开口，直到大学毕业要走了，才鼓起勇气去表白，但是一切都晚了。

甚至有的人从大一就开始恋爱，大学四年一直都是模范情侣，没有吵过架，没有闹过矛盾，更不要提分手，但是临近毕业的时候，还是因为种种原因分手了。谁都知道，毕业之后再也找不到现在的感觉，但是还是分手了。

反而，有的情侣一路吵吵闹闹，最后毕业的时候步入了婚姻的殿堂。甚至有的学生家长经常吵架，但是吵了一辈子都吵不散，有的家长却都是冷战，最后都受不了离婚了。

人与人之间最重要的是相互理解，这是所有人都知道的道理，所有人也都是抱着这样的态度去做的。吵架的时候让着另一方，等对方说完一笑而过，平常有什么辛酸不告诉对方，怕他担心。

但是这样是真的相互理解吗？这样做只是打着"为你好"的借口来自私而已。既然两个人相互认识，相互熟悉，成为好朋友，成为恋人了，那么就已做好了同甘共苦的准备。把自己的难处告诉对方，请对方帮忙，是对对方的信任；把自己的想法说出来，希望对方理解，是对对方的坦诚。

一旦有了矛盾，应该及时说出来自己的想法，同时虚心听取对方的想法。因为有时候情绪一激动，容易只是站在自己的立场去思考问题，冷静下来相互交流自己的想法，才能真正解决问题。

闹矛盾的时候，真正解决的不是矛盾，而是问题，问题一旦解决了，矛盾自然也就不存在了，双方也就不会留下什么心结。如果双方闹矛盾了，只是想着去解决矛盾，缓和双方的矛盾，那是治标不治本。

也许你因为某些原因主动去道歉，去认错了，希望矛盾缓和，这样看来双方表面上是和好了，但是双方心中始终存着一个坎儿，因为问题并没有真正解决。所以，一旦有了矛盾，应该坦诚地说出来，如果现在不说，明天不说，总有一天会后悔。

为什么会有那么多的遗憾和所谓美好的回忆，因为有些话始终没有说出来，甚至直到最后都认为，不说出来比说出来更好。相反，有些事情，你说出来也许还有机会，还会有转机，但是如果你不说，那么就真的一点机会都没有了。

从这一方面来说，内向的人是很吃亏的，因为内向的人一般都不善于表达自己，有些话还在犹豫，还不知道怎么开口的时候，对方已经离开了。所以，大部分人都喜欢性格开朗的，有说有笑的人，因为他们更善于表达自己。

但是，内向有内向的优点，并不是说要因为一点小事就刻意地去改变自己，只是当自己觉得这件事情如果现在不说的话，以后会有遗憾的时候，应该勇敢地说出来，哪怕会受伤，也胜过成为一辈子的遗憾。

心里有话的时候不要总是憋着，该说出来的时候就勇敢地说出来，没有解决不了的矛盾，只有不敢说话的自己。要想真正解决矛盾，首先应该迈过心里那道坎儿。做一个善于沟通、善于理解对方、站在对方角度思考问题的人。

表达你的认同，化解敌对关系

每个人做事情的时候，都是出于某一种目的，有的是出于自身利益，有的是为了集体利益，但是这并不代表每个人做事情都是出于利益，更多的时候，是追求自身价值，使自己得到他人的肯定、认同。

就像小孩子渴望得到大人的夸奖，就会努力去学习，或者去做好家长希望自己做好的事情，以此获得家长的肯定，获得家长的赞扬。每一个人都是没有长大的孩子，这与年龄无关，即使年纪再大，当别人肯定你的能力的时候，心里都会觉得开心。

这不只是对于亲近的人，即便是陌生人，也可以借此获得彼此的好感。试想，两个人互不相识，但是因为对方在某一方面表现出色，另一方不吝赞美之词，都会有一种知己的感觉，而人生得一知己足矣。所以，对别人表示肯定、表示认同，很容易拉近彼此的关系。

即便双方一开始是处于敌对的关系，或者僵持的关系，甚至以前认识，因为一些事情闹翻了，也可以借由此冰释前嫌，化干戈为玉帛。

试想，两个敌对的人，肯定是相互看不上对方，无论对方做什么，自己都会认为如果是自己，一定可以做得比他好。如果双方都这样想，能够产生一种良性竞争的结果最好，但是一旦产生恶性竞争，为了压过对方不择手段，那么就不好了。

所以，当双方处于敌对关系的时候，为了化解矛盾，总需要一方先站出来示好，只要一方开始示好了，即便对方不情愿，但是终归不会像之前那么关系紧张了。关系开始出现松懈，那么只需要趁热打铁，就一定可以化干戈为玉帛，重归于好。

有人可能会觉得，如果自己先出来示好，那不就是自己向对方示弱了吗？这不是长别人志气、灭自己威风吗？而且，一旦自己示弱了，以后即便是关系变好了，自己也是处于被动的地位，一旦再有矛盾，自己一定是不被在乎的，因为当初是自己先示好的，轻易得到的总是不会被珍惜。

这样想也不是没有道理，但是如果每个人都这样想，那么这个世界上就到处都是矛盾了，两个人一旦有点儿矛盾就只能老死不相往来了，这不是大家想看到的局面。所以，如果自己真的在乎这一段关系，或者这一段关系真的对自己很重要，那么还是应该适当地放低自己的姿态，主动示好。

并不是说主动示好就一定是自己处于劣势地位，相反，能主动示好在别人看来，自己是一个大度的人，是一个识大体的人。这样一来，不仅化解了矛盾，还获得了人心，即便是以后再有矛盾，那么舆论至少是站在自己这一边的，因为大家都知道自己是一个懂事的人，是一个大度的人。

主动示好的方式有很多，最简单直接的，就是对对方表示肯定，表示认同。两个人之所以有矛盾，无非就是因为立场不同，想法相左，最后谁也不能说服谁，但是自己又坚持自己是对的，不甘心向对方屈服，最后陷入尴尬的境地。

那么，只要自己对对方的观点想法表示认同，表示肯定，并且尝试按照对方的意思去做，对方一定也会站在自己的角度，去体谅理解自己，这样一来就会达到求同存异的效果。

虽然看上去这是在违背自己的立场原则，但是其实很多事情并不会分得那么清楚，同样的事情，在不同的情况下，很可能会有截然相反的效果。比如一杯水，相对于一团火是凉的，但是如果和一块冰相比，那么这杯水就是热的。所以还是应该分情况看问题，因人而异地去解决问题，不能太较真。

有些人就是固执，明明别人做得很好，但是就是吝啬自己的赞美，这样的人总是不招人喜欢的。但是如果你能对别人的成果表示认同，表示真诚的赞美，那么，即便是对手，或敌人，也一定会觉得你是一个有眼光的人，毕竟人都是喜欢听好话的，更何况是赞美之词。

自曝其短，让对方主动偃旗息鼓

有的人，对他说几句好话，或者对他表示肯定和赞同，就能化干戈为玉帛，就能互相理解，但是并不是每个人都是这么好相处的。

有的人就是喜欢跟人较劲儿，你越是示好，对方越是认为你是软柿子，就越是欺负你，那么碰到这样的人，就没有必要服软，或者跟他示好，或者示好之后如果对方还是不友好，那么就不能再给他好脸色看。

这样的人一般不是因为什么事情就变得情绪不好，或者天生脾气不好，而是性格使然，就是瞧不起人或者不把人放在眼里。虽然说应该做一个大度的人，不能事事都斤斤计较，但是有些事情是逃不开的，逃不开的时候应该怎么办？

有的人脾气好，不愿意跟人计较，于是对于这样的人，能忍就忍了。有的人虽然心里不舒服，但是还是选择沉默，也许是因为天生性格懦弱。但是无论是哪一种，面对问题选择逃避并不能解决问题，其结果只是暂时对自己没有影响，但是长久来看，不仅对自己没有好处，还会影响别人。

所以，如果自己有能力，就应该勇敢地去面对，尽力去解决这样的问题，因为有时候这不仅仅是自己的事情，还会关系到别人。只有勇敢地面对，才能真正解决问题，否则只会助长坏人的气焰，一旦他们发现没人能制伏得了他们，就会不把所有人放在眼里。

对于那些嚣张的人，他们最怕的，或者说最在乎的是什么？当然是面子。他们嚣张，认为自己高人一等，认为自己比别人优秀，别人就应该尊敬自己，而自己没有必要尊敬别人，或者说没必要把别人和自己平等相待。当自己的面子得到满足的时候，也就意味着别人怕自己。

所以，要针对对方最在乎的东西下手，因为有时候最在乎的也是对方最怕的事情，他们最在乎自己的面子，那么就想办法驳他们的面子。虽然说揭人短不算是什么光彩的事情，但是对待好人的时候就用君子之道，对待小人的时候就应该用小人之方。

揭他们的短是最简单直接的方法，尤其是当着所有人的面揭他的短，让他在所有人面前丢脸，以后再见到大家的时候他才会变乖，这样才会让他知道，大家不是怕他，只是不想跟他计较。

制伏一个人的办法有很多，但是最好的办法就是让对方主动偃旗息鼓。有的人也许可以依靠向上级或者向能压得住他的人打报告，让领导来镇住他，但是这永远都是治标不治本的。因为即便是他被制伏了，那么他害怕的也是上级领导，而不是你，他也不会真正对你心服口服，反而会认为你只是一个会打小报告的小学生而已，以后会更看不起你。

对这样的人就不能服软，每个人都有自己的弱点，只需要针对他的弱点，在适当的时候将他的短处或者弱点揭发出来，让大家都知道，他只是一个纸老虎，那么以后大家都不会再害怕他，他也就没有嚣张的资本了。有些人就是这样，以为让别人怕自己就是有面子，就是高人一等，殊不知只是大家不想跟他计较罢了。

人与人之间虽然说应该和睦相处，以和为贵，但是就是有些人不知好歹，大家以礼相待，他却以为你好欺负，只有大家都敢于反抗或者大家都试着去因人而异就好了。对有礼貌的人，就以礼相待，对那些不懂礼貌的，就不用礼貌，对那些不知好歹的人，就让大家都知道他的短处，让大家都不害怕他就好了。

人生在世，无非就是为了寻求一个快乐，当然，不能把自己的快乐建立在别人的痛苦之上，但是也不能让别人把他们的快乐建立在自己的痛苦之上，没必要为了让别人快乐而自己受委屈，越是委曲求全越是容易让人欺负。所以，自己不能做一个惹是生非的人，但是也不允许别人来欺负自己。

每个人都是父母辛苦养大的，自己受了委屈，父母也会跟着担心，大家都是父母的宝贝，凭什么让别人欺负。如果对方不知好歹，自己主动示好也不能让对方主动偃旗息鼓，那么就没必要再笑脸相待，对付小人就应该让他们知道因果循环。

表达强硬态度，让对方知难而退

人生下来就应该有自己的生活，自己的人生应该由自己来做主，而不是因为别人的一些态度或者话语，就被别人操纵或者控制自己的人生。当矛盾产生的时候，如果自己努力之后，对方仍然不愿意化解矛盾，那么不用谈了，谁也没有义务去迁就谁。

可能会有人觉得，没有必要闹僵吧，毕竟以后还要见面，甚至还要互相帮忙。但是你有没有想过，勉强下来的事情，也许一开始还可以很好地维持，双方还可以保持相敬如宾，但是时间一长，谁还会在乎，毕竟大家都会觉得这样勉强维持会很累，还不如干脆撕破这一层虚伪的面具。

既然对方都已经不愿意再虚伪地和你演戏，那么你也没必要和对方再演下去，毕竟自己也会觉得累，而且自己有自己的人生，何必要围着他转，这个地球离开了谁都照样转。所以，自己没必要一味地软弱。

甚至，有些人就是吃硬不吃软，你好言相劝，想要跟他化解矛盾，甚至主动示弱，对方还是不给你好脸色看，那么也就没必要一而再、再而三地跟对方软下去了，不妨干脆放开矜持，直接硬碰硬，看看谁厉害，也许你用实力把他打败了，他反而会知难而退，会服你。

其实，这样的人还是很多的，他们算不上坏，只是有点儿倔，就是看能力办事。这样的人很好，至少不会跟你耍心眼儿，只要你有真才实学，就能让他信服，就能化解矛盾，甚至以后都能让他服服帖帖的。

所以说处理事情的时候，还是应该看人，只是单纯地想着解决事情是不行的，一件事的解决办法可能有千千万，但是如果针对的是人，那么，这个问题的解决办法可能就只有一个了，所以还是要看人办事。

有的人吃软不吃硬，那么你就要好言相劝，主动示好，对对方的表现予以肯定和支持，对方看到你的态度，自然可以理解你的想法，对方也会投桃报李，和你和好。

但是有的人就是软硬都不吃，这种情况应该怎么办呢？对待这样的人你首先还是应该强硬，反正他是软硬不吃，为什么还要给他好脸色看？你给他好脸色看他也不会给你好脸色，那么干脆从一开始就跟他硬来，时间长了如果他还是这样，那么你也就这样下去，如果他有改善，那么你也就跟着他的态度来，谁怕谁，他又不是你什么人，凭什么迁就他？

要想让对方主动知难而退，或者让自己处于主动的地位，就应该首先有一个强硬的态度，坚持自己就是对的，自己没有错，尤其是上下级关系的时候，更不能让对方爬到自己的头上，毕竟还是应该保持一个上级的权威。如果随便一个人都能欺负自己，那么自己这个领导还怎么当？

就算是平级的关系，只要认定自己是对的，那么就要坚持，否则以后别人知道你是一个立场摇摆不定的人，谁还会愿意跟你相处？虽然自己强硬的态度可能会让大家不喜欢，但是没办法，真理往往是掌握在少数人手里。对的人往往都是孤独的，没必要计较，只要证明自己是对的，以后自然会有人跟你做朋友。

最后，态度强硬不代表自己就不讲道理，相反，越是态度强硬，越跟对方讲道理，用自己的道理让对方信服，这样对方才会知难而退。

第十五章
了解社交心理,做一个高段位的社交者

首因效应：别让第一印象左右了你的判断

中国有句古话叫作"人不可貌相"，它告诫我们看人不能只看外表、相貌。但是在与人交往的过程中，绝大多数人都会被他人的"相"所迷惑，甚至因此而做出了错误或偏差的判断，并最终影响了双方友好关系的建立。

我们为什么会"以貌取人"呢？美国社会心理学家洛钦斯于1957年提出了"第一印象效应"，即在社交活动中，双方第一次见面的印象往往是最鲜明、最牢固的，这种"先入为主"的认识很难被打破。比如，第一次见面我们就非常反感B，那么日后就会对B态度冷淡，排斥与其交往，甚至直接有意识地避免与之接触。

不过有意思的是，第一印象并不一定真实可靠，如果与人交往全凭第一印象，那么难免会被其局限、欺骗，甚至在不经意之中把贵人拒之门外。

那么"第一印象"为什么不可靠？它又是依据哪些因素形成的呢？心理学研究发现，在初次见面的45秒内，我们的大脑就会快速收集对方的外貌、打扮、身材、着装、姿态、表情、年龄、性别等外在信息，并据此判断对方的内在素养和个性特征。换句话说，"第一印象"是我们个人的主观判断，而这种判断又是建立在对他人认识非常"肤浅"的基础之上，如此一来自然就会产生较大的偏差。

在日常的社交活动中，千万不要依据"第一眼的印象"去判断人。尽管我们都知道第一印象并不一定可靠，但还是会在无意识中凭借第一印象去判断他人的品性。

经过了长达3年的准备和筹划，M终于得偿所愿地成立了自己的IT

第十五章 了解社交心理，做一个高段位的社交者

公司，可不容乐观的是，眼看新产品的研发就要成功了，但公司的储备资金已经消耗一空，如果没有充足的资金，公司随时都有可能破产，为此 M 开始通过各种渠道寻找投资人。

在一次招商会中，M 拿着自己的名片四处交际，希望能够找到投资人："您好，我是××公司的创始人……"当 M 非常恭敬地递上名片，并表达了自己亟须投资的意图后，对方态度非常不屑一顾，直接很不客气地说："像你们这些寻找投资的项目，其实大多没什么投资价值。"

初次见面就给人泼冷水，M 对这位投资人自然没有什么好印象，从别人口中得知这位投资人姓高，M 当时心里暗想，世界上的投资人又不是你一个，以后碰到这个老高一定要躲着走。

此后，M 在不同的场合有几次遇见了投资人老高。有一次老高甚至主动搭讪，想详细了解一下 M 的投资项目，但 M 一开始对这人就没什么好感，所以态度自然十分不和善，明嘲暗讽地回击道："我这个公司哪有什么投资价值，怎么能入得了您的法眼？"最后两个人自然不欢而散。两个月后，M 始终没能找到合适的投资人，无奈之下只好忍痛将公司以低价转卖他人。

一次聚会 M 偶然提起了投资人老高的事，结果老高竟然是一个好朋友的家族长辈，虽然说话直，嘴巴有点毒，但人还是非常仗义的。当时老高主动搭讪，其实是有意投资的，只不过 M 因为对其糟糕的第一印象，认定投资人老高是一个尖酸刻薄之人，根本没有真实的投资意图，所以自然没给对方好脸，很显然 M 因为"识人失误"而错失了挽救公司的最佳时机。

很多时候，人们对他人的"第一印象"并不正确，所以千万不要像故事中的 M 一样靠"第一印象"识人。那么，怎样才能避免让第一印象局限或误导了自己的判断呢？

（1）越是印象糟糕的人越要以礼相待。

人有本能的好恶心理，会主动避开不喜欢的人或事，为了避免因"第一印象"造成的识人失误，甚至错失贵人，就一定要有意识地调整自己的社交态度，越是那些不喜欢的人越是要温和有礼，真诚相待。

（2）小心那些"好印象"的人。

在社交场上，人人都非常善于伪装，从打扮穿着到言行举止，无一不经过了非常细致的雕琢，对某人有好印象并不代表着他就是一个正人君子，他还可能是伪装成"君子"的小人，所以对待那些好印象的人，切记要留心，不可完全信任。

反射效应：想获得什么对待，就怎么去对人

在日常生活中，你可能有过这样的体会：

当有人力所能及地帮了你的忙，虽然别人认为这些小忙微不足道，但你却对此人产生了好感，当他需要帮忙时，你会爽快地答应；

当朋友遇到高兴的事儿请你吃了一顿饭，在以后的几天内，你却总是在琢磨着什么时候回请朋友吃一顿，否则你便寝食难安；

当领导给予你充分的信任，对你宠爱有加时，你总是想尽一切办法去使自己的工作做到尽善尽美，你认为只有努力工作才能回报领导对自己的信任；

当某个同事总是跟你过不去，处处针对你时，你对他似乎也充满了敌意，心怀愤恨，并找机会肆意报复……

上述情况说明了一点，那就是：你对别人怎么样，别人对你就怎么样，这一点既体现了互惠的原则，又是反射效应的最好例证。

在现实生活中，常听到人们说："如果你想让别人怎样对待你，你就要怎样对待别人。"这个道理尤其适用于家长与孩子之间，也同样适用于朋友之间。从某种意义上来说，这句话是在要求我们尊重别人，平

第十五章 了解社交心理，做一个高段位的社交者

等地对待别人。如果你不尊重别人，你就不会得到别人的尊重；如果你不平等地对待别人，别人也会不平等地对待你；总而言之，你要想让别人怎样对待你，你就要怎样对待别人。

张娇是一个单亲妈妈，丈夫有外遇后，她毅然离了婚，独自抚养着五岁的儿子小米。最近，张娇特别苦恼，儿子以前特别听话，特别乖巧，但是最近却变得越来越叛逆，把她的话当作耳旁风。

前两天，小米和幼儿园的小朋友文文打架了，两个孩子因为这事几天没有说话。那天，张娇把小米从幼儿园接出来，小米吵着要去公园玩，正巧碰到奶奶带着文文也在公园里玩。

小米朝着文文所在的方向跑去，兴奋地喊道："文文，文文！"

谁知道，文文还记着两个人打架的事儿呢，一扭头不理小米，嘴里还说着："前几天你打我了，我不跟你玩！"

经过文文一提醒，小米变得不高兴起来，嘟囔着说："是你先向我身上吐口水，我才打你的！"

站在一旁的张娇和文文的奶奶也劝起了两个小家伙，但不管大家怎么说，文文就是不和小米玩。小孩子打架，时间一长就不记得了，张娇便想拉小米去别的地方先玩，等过几天两个孩子和好了再在一起玩。但是小米却趁着大人不注意，推了文文一下，文文一屁股坐到了地上，号啕大哭起来。

张娇一生气，抱起小米就回了家，任由小米在怀里又哭又闹。回家后，张娇对着小米大声喊道："你这个孩子怎么这么不听话，人家不和你玩你就打人吗？谁教你这么没礼貌的？"

话音刚落，小米居然朝着张娇也喊了起来："又不是我的错，他为什么不跟我玩？"

看到小米顶嘴，张娇气得扬手照着他的屁股就打了两巴掌，谁知小米居然用头去撞张娇。一个晚上，张娇和小米谁也不理谁。到了第二天早晨，看着孩子哭得又红又肿的眼睛，张娇又生气又心疼，她不知道她

和儿子之间到底是怎么了。所以,在把小米送到幼儿园后,张娇便去看了心理医生。

听了张娇的叙述,医生问道:"离婚之后,你是不是发现自己的情绪有了很大变化?"

张娇想了想:"离婚之后,我的心情特别不好,动不动就爱发脾气,总是对着小米大喊大叫,还经常训斥他,有时还会打孩子的屁股。"

医生语重心长地对张娇说:"这就对了,你就是孩子的一面镜子,你怎么对他,他就会怎么对你。"

显而易见,小米之所以由之前一个懂事乖巧的孩子变成了一个对着妈妈大喊大叫叛逆的孩子,就是因为受妈妈的影响。家长是孩子的一面镜子,如果家长起不到很好的言传身教的作用,就会给孩子带来负面的影响。年幼的孩子如此,成人更是如此,所以,在人与人的交往中,如果你想让你的朋友尊重你、喜欢你、帮助你,那你就得先尊重他、喜欢他和帮助他。你对他好,他一定会对你好,反之亦然。

为了能有个好人缘,为了能在需要帮助的时候不至于求告无门,你就得先学会给予,给予他人微笑,给予他人帮助,给予他人需要的东西,只要你把该做的做到了,你一定会收获颇丰,得到意想不到的回报。

从众效应:不要让自己变成"异类"

有这样一个故事:在一条路上,一个人张着嘴,仰着头,朝天上看着。后面走过来一个人,他觉得很奇怪,以为天上有什么特别的东西,也像第一个人那样,仰头看天。这时,第三个人也走了过来,也朝天上寻找着前两个人在看的东西。这个情景又被第四个人看到了……

到后来,路上出现了一群人,齐刷刷朝天上看。还没等他们发现天上有什么东西,只见第一个人低头弓腰,"哇"的一声,打了个大喷嚏……

这个故事揭示的就是人们的从众心理,看似幼稚可笑的从众心理,在我们的日常生活中却是很常见的。

比如，当我们穿着白色衣服站在一群穿黑色衣服的人群中，会感到局促不安，浑身别扭；当我们的观点与众不同时，会感到心慌意乱……而当我们在各方面都与周围的人步调一致时，我们才会感觉安心和踏实。

许多人都有与多数人采取相同行动的愿望，这叫作"从众效应"。

产生从众行为的原因很多，而且其具体表现也不尽相同。当然，从众行为有其积极的意义，也有其消极的意义。

当我们第一次来到某个陌生的火车站，不知道出站口在哪儿时，我们可以看别人往哪儿走；当我们第一次参加高级宴会，不知道服务员端上来的茶什么时候喝合适时，我们可以看别人如何做。也就是说，当我们面临某个选择，又对周围的环境不熟悉时，可以观察别人的言行，并根据多数人的活动进行选择。

为了不使自己成为"异类"，一些人的观念和行为不得不保持与群体和社会的主导倾向一致，因为只有这样，他才能赢得周围人的接受，否则，他便会受到排挤和惩罚。

卫东大学毕业后，进入一家出版社从事编辑工作。因为自己没有多少工作经验，在工作期间，他虚心学习，手脚勤快，嘴巴也很甜。所以，同事们都很喜欢他。很快，卫东便得到了主编的器重，并将一本图书的编辑工作交给了他。

在大学时，卫东是中文系的高才生，他的毕业论文还曾拿过不少奖项。在卫东的努力下，他负责的这本图书居然在全国图书评选中获了大奖。

有了好的开头，卫东在单位的分量越来越重，他也开始飘飘然起来。每逢编辑室开会时，他总是表现得特立独行，提出与大家不一致的意见。一段时间以后，卫东感觉到单位的同事不再像以前那样喜欢他了，而是处处躲着他，孤立他，包括他的领导，都好像是在有意或无意地与他过不去。

卫东觉得平日里，事无巨细，他总是抢着做，对同事、领导也是恭敬有加，自己到底哪里做错了呢？苦思冥想之后，他恍然大悟，原来是自己越来越喜欢标新立异，有些时候，连他自己也不知道提出的观点是否完全正确，但为了出众，他却总是想让别人看到一个与众不同的自己，是自己把自己孤立起来的啊！

于是，有一天，卫东对办公室的所有人说："晚上我请客，感谢大家这段时间来对我的帮助，我是新人，以后有什么不懂的地方，还要麻烦各位呢！"

大家都愉快地答应了卫东的邀请，这件事之后，大家对他的态度又和以前一样热情了。

标新立异并没有错，但如果你不想被大家孤立，不想成为"异类"，还是不要冒险的好，这时，聪明的做法是学会适时从众。你和大众的观点相反，你会成为大家攻击的"靶子"，只有和他们保持一致，你才能受到他们的欢迎。无数经验和教训告诉我们：凡是喜欢特立独行的人都不会受到同事的欢迎，不会获得老板的欣赏，不会得到朋友的祝福，特立独行的结果就是使自己陷入孤立境地。

但是，真理常常掌握在少数人手里。对于一些错误的观念和行为，如果不加理智地分析就加入其中，则可能贻害无穷。这时候，我们最好要擦亮眼睛，把握分寸，不能盲目从众。

现实生活中，一些人一旦成功了或者有了荣耀就容易高傲自大，人们对那些自我意识膨胀的人往往会"敬而远之"。因此，当你有了荣耀后，要懂得谦卑，这有利于得到别人的赞赏和认可。

登门槛效应：结交贵人不可操之过急

说到"登门槛效应"，我们可能有些陌生，但如果说到"得寸进尺效应"，便会再熟悉不过了。"登门槛效应"便是我们所说的"得寸进

第十五章 了解社交心理，做一个高段位的社交者

尺效应"。

1966年，美国社会心理学家弗里德曼与弗雷瑟在他们所做的"无压力的屈从——登门槛技术"的现场实验中，提出了"登门槛效应"。用通俗易懂的话来解释就是，如果一个人接受了他人的一个不足挂齿的要求，在之后的时间里，这个人就有可能逐渐地接受更大的要求，因为他想给对方留下首尾一致的印象或者避免认知上的不协调。这种现象就像我们平时的登门槛，一级台阶一级台阶地拾级而上，最后，我们才能够轻松顺利地登上高处。

一般来说，难度比较大的要求既费时又费力，是很难成功的，所以人们通常都不愿意接受它们。如果换一种方式，先从小的、微不足道的要求开始，接受起来便比较容易了。所以，在现实生活中，当我们对别人提出自己的要求时，如果要求的难度太大，令对方难以接受，我们只需要先把这个大的要求细分为若干个小的要求，从实现小的要求开始，一步一步地实现大的要求。当我们在生活和工作中有解决不了的问题时，不妨运用"登门槛效应"，它能够帮助我们步步深入地彻底解决问题。

在现实生活中，登门槛效应是很常见的。

一天，周红一个人在商场里闲逛，她不打算买任何东西，只想打发一下无聊的时间。

"小姐，这是今年最新的流行款，您要是喜欢可以试穿。"在一家时尚女装店前，一位热情的导购小姐向周红介绍说。

"哦，我只是随便看看。"周红家里这类的衣服有好几件，她可不想再买一件丢进衣橱里。

"没关系，不过，我觉得这款特别适合您，您不想试试效果吗？"导购小姐满脸洋溢着笑意，周红实在不忍心拒绝她，但她真的不想买那件衣服。

"不好意思，我真的不想买。"周红无奈地摇了摇头。

"我在这里卖衣服好几年了，一看您的这种气质就知道您穿什么样的衣服都好看。您要是不信，可以试试效果怎么样。"导购小姐还是热情地给周红讲解着。

"您不想尝试全新的风格吗？如果真的适合，还可以指导您以后购买衣服的方向呢？您说是不是？"

导购小姐一边说，一边将衣服从衣架上取下来放在周红手上："试衣间在那边。"

盛情难却，周红实在不好意思再拒绝。

"您看，我说得没错吧，这件衣服简直就像给您量身定做的一样！"

……

就这样，在本来并没有购衣计划的情况下，周红买下了那件衣服。

这位导购小姐之所以能把一件衣服卖给没有购买计划的周红，是因为她使用了登门槛效应。开始只提出了试穿的要求，穿上后，再进行进一步的说服，就容易达到卖衣服的目的了。

在与人交往时，登门槛效应使用频繁，且屡试不爽。在结交朋友时，尤其是当碰到我们生命中的贵人时，我们不能操之过急，一定要循序渐进，用得寸进尺的过程来使你达到结交他的目的。

人们常说，某人的成功是因为有贵人相助。其实，每个人都有贵人，而这个所谓的贵人，就在你的关系网中，关键在于要你去结识他们，这样你才能在需要帮助的时候求助于他们。

在贵人面前，如果你急于想与之结交，表现得太过激进，会让对方认为你目的不纯，即使他与你结交了，心里也会产生被利用的想法。如果稍做铺垫，他会觉得那是水到渠成的事，心里愉悦，给予你帮助也是心甘情愿的了。

当我们向对方提出一个比较大的要求时，如果觉得对方拒绝的可能性比较大，可以先提出一个较小的要求，如果被答应，再提出那个较大的要求，这样才更容易达到目的。

晕轮效应：识人最忌"以偏概全"

俄国著名的大文豪普希金曾狂热地爱上了被称为"莫斯科第一美人"的娜坦丽，普希金认为，这么美丽的女子一定有着非凡的智慧和高贵的品格，于是，普希金和娜坦丽结了婚。但是，娜坦丽却与普希金志不同道不合。普希金每次写完诗，都会先读给娜坦丽听，娜坦丽却总是捂着耳朵说："别念了，我不想听！"相反，她喜欢游乐，喜欢出席一些豪华的晚宴、舞会。为了陪娜坦丽，普希金丢下创作，不久便债台高筑，最后还为她决斗而死。

普希金便是受到了晕轮效应的影响，他认为，一个漂亮女人的内心也一定是美丽的，然而事实并非如此，在晕轮效应的影响下，一代文豪就这样陨落了。

晕轮效应，又称光环效应，是由美国著名心理学家爱德华·桑戴克提出来的。爱德华认为，人对事物和人的认知和判断往往从局部出发，然后扩散而得出整体现象。就像当月亮被光环笼罩时产生的模糊不清的现象那样，这些认知和判断常常都是以偏概全的。

在日常生活中，"晕轮效应"悄悄地影响着我们对别人的认知和评价。比如，有的老年人对年轻人的一些缺点，如怪异的衣着打扮，不好的生活习惯看不顺眼，就武断地认为这些年轻人一定没出息；有的女孩子认为某个明星长相俊朗，便把他看得处处可爱，真所谓"一俊遮百丑"。

许洋是一家小公司的老板，由于这几年的经济危机，他的公司也濒临破产的边缘。

一天，许洋接到一家公司的合作邀请，这让他喜出望外，觉得公司是有救了。怀着激动的心情，许洋走进了那家公司的办公室。

那是一间极其简陋的办公室，里面只有一张桌子，一把椅子，还有一些简单的摆设，而且，这些摆设都相当陈旧，像是从旧货市场淘来的古董。

公司的经理是个二十出头的小伙子，从这个年轻经理的口中，许洋了解到，这是一家新开的公司，目前员工人数不超过十人。顿时，许洋的心便凉了一大截，这么年轻这么小的一家公司，还不及自己公司的一个部门大，和这样的公司合作，恐怕是把自己往破产的道路上更推进了一步。

但许洋发现，这位年轻经理虽然像是缺乏经验，但是眼睛里放射出犀利的光芒，处处透着精明。许洋犹豫不定，不知是不是该与这家公司合作，最后，经过再三衡量，他还是决定与这家年轻的公司合作，他觉得很多大公司不都是从一间工作室发展起来的吗？而且，通过对这位年轻经理的观察，他发现这个年轻人是极其有素质和生意头脑的人，说不定，这便是一根能救他的公司于水火之中的稻草呢。

许洋没有下错注，这位年轻经理的父亲是当地一位小有名气的经济学家，在父亲的熏陶下，再加上父亲的指点，很快他便把公司做得风生水起。自然，许洋的公司也得救了，重新焕发出往日的光彩。

如果许洋当初以偏概全，从"小"和"年轻"上否定那家公司和那位经理，说不定，他的公司真的会走向破产了。那么，既然晕轮效应如此普遍，我们怎么做才能不受它的影响，不以偏概全呢？

（1）不以"第一印象"判断人。

第一印象有先入为主的特点，因而往往比较深刻。如果第一印象好，就会给以后的交往打下良好的基础。这就是产生晕轮效应的温床，因此，冷静、客观地对待第一印象，思想上具有改造甚至否定第一印象的准备非常重要。

（2）避免"以貌取人"。

很多时候，我们都会受外貌晕轮效应的影响，即表现出按外貌分类的倾向。这种"由表及里"的推断，含有很大的偏见成分。为此，我们在认识他人的问题上，不能满足于表象，要注重了解对方心理、行为等深层结构，以便做出准确的判断。

对他人做出评价前，要尽可能地与他们进行多方面的交往，促进相互间的深入了解，全面地看待他人。同时，不要过分在意他人对自己的评价，以免干扰自己的判断。

对比效应：巧用对比触动人心

如果我们把同一种颜色分别放在比较阴暗的背景上和比较明亮的背景上，我们会发现，在阴暗背景的衬托下，这种颜色看起来比之前明亮多了，相反，在明亮背景的衬托下，这种颜色看起来则会显得比之前沉暗。心理学上把这种现象称为"对比效应"。

对比效应也叫"感觉对比"，指的是因为背景不同，即使是同一物体，产生的感觉也会存在差异。同样的道理，两种不同的事物同时或相继呈现的效果，往往比它们各自单独呈现的效果好得多。

在现实生活中，这种"对比效应"有很多。比如，在与人争论问题的时候，如果你之前是一个与世无争的人，人们可能会说你是头"犟驴"；而如果你之前是一个经常与人争论的人，人们可能会说你"性子比较直"；如果你之前是一个经常打架滋事的人，人们则可能会说你"性格温和了许多"……同一件事，会出现不同的评价结果，这就是"对比效应"的威力。

高飞和黄静是一对夫妻，已经结婚十多年了，他们有两个孩子，大儿子八岁，小女儿两岁。

夫妻二人都是地道的农民，一家四口靠着种地为生。家里房子很小，而且只有两间，两个孩子住一间，高飞夫妻住一间，他们还在院子外搭了简易的厨房和厕所。除此之外，家里还有几只鸡和一头奶牛，都住在简易的棚子里。

一天，高飞的父母不约而至，原来，父母家的房子因年久失修被大雨冲倒了，因为只有高飞一个儿子，他们只好搬来和儿子一起住。拥挤的家里突然又多了两个人，似乎连呼吸都变得困难了。

每天，黄静都会在老人的咳嗽声、孩子的哭泣声中惊醒，时间久了，她感觉头疼欲裂。她不知道这样的日子还能忍多久。

终于有一天，黄静实在忍受不了了，她去找自己的一个朋友倾诉自己的苦楚。听完黄静的叙述，那位朋友对她说："如果你按照我说的办法去做，我保证你能改变现状。"

"只要能够结束这种生活，你让我做什么我就做什么。"黄静有些迫不及待了。

朋友平静地说："回家之后，你把家里的奶牛牵到客厅里，晚上也让它在那里。"

黄静按照朋友的话去做了，结果，在不大的房间里，除了老人的咳嗽声、孩子的哭泣声，还多了奶牛的哞哞声。

忍受几天之后，黄静去找那位朋友："我实在是受不了了。你再给我想个别的办法吧。"

谁知，朋友笑着对她说："回家之后，你把鸡装在笼子里也搬到客厅里，晚上也放在那儿。"

三天之后，黄静又受不了了，老人的咳嗽声、孩子的哭泣声、奶牛的哞哞声和公鸡的打鸣声，家里没有一分一秒是安宁的。

出乎意料的是，当黄静找到朋友时，朋友似乎正在等着她的到来，一见到她，朋友便平静地说："把奶牛和鸡笼子一起搬回到棚子里吧。"

那天晚上，黄静一夜都没有醒来，她好像好久没有睡过这样的安稳觉了。从此以后，她再也没有抱怨过家里拥挤。

黄静前后的转变如此之大，是因为那位朋友利用对比触动了她的心。在高飞的父母没有到来之前，他们一家四口一起生活，而后，黄静便总是不由自主地把六口人的生活和之前四口人的生活情景做比较。而自从把奶牛和鸡笼子搬进客厅后，本来就混乱的日子更乱了，人畜共处一室的情景是让人难以忍受的。当黄静的神经快要崩溃时，奶牛和鸡笼子被搬出了客厅，屋子里瞬间恢复了平静，这时，黄静便觉得六口之家的生活是如此美好。事情发展到后来，对比物发生了变化，黄静的心态发生了变化，自然就不会再抱怨了，相反，她甚至还会觉得幸福和满足。

世界上没有孤立存在的事物，任何事物都是在和其他事物的对比下存在的。所以，认识某一个事物时，如果把与它相关的事物列举出来，进行参照对比，更能显示它们各自的特点。

在现实生活中，如果我们掌握了对比效应，并加以利用，便会增强或减弱对某些事情的印象，从而触动对方的心灵，顺利地实现预期的目的。

第十六章 言行有礼,别因不懂社交礼仪陷入窘境

穿着打扮一定要用点"心思"

在社交活动中，人们的外表形象往往起着非常重要的作用。整洁、得体、端庄的外表形象常常给人以舒适之感，是为人增分的一项细节，而外表形象的展现又与一个人的穿着打扮密切相关。

要想塑造良好的个人形象，在穿着打扮上用点"心思"是必不可少的一个环节。经过一番精心的穿着打扮，美好、得体的外表形象得以在他人面前展现，既是对交往对象的一种尊重，又给对方留下了好印象。此外，美好的外表形象也从侧面体现出一个人的性格、内涵与爱好，有助于帮助对方更快地了解自己。

我们来看这样一个事例：

一次，一个心理学教授安排一位女士分别去 A 公司和 B 公司面试。

在 A 公司面试时，他要求该女士适当地化了一些淡妆，服饰上选择的是一套剪裁合体的西装、套裙，内衬为一件配色的衬衣。至于鞋子，则选择了一双颜色和款式与服装相搭配的中跟鞋。结果该女士被 A 公司录取。

在 B 公司进行面试时，教授为该女士选择了一件低胸露背装，外加超短裙，鞋子是随意搭的露趾凉鞋，至于面部妆容，我们可以称之为浓妆艳抹。结果可想而知，该女士被 HR 淘汰出局。

事后，教授询问两个公司的 HR 对于该女士面试时选择留与不留的个中缘由。A 公司负责人说："这位面试者优雅、得体的外在形象给我留下了一个良好的印象，她的穿着打扮整体协调，给人一种很舒服的感觉，这种仪表美透露出她是一个很注意细节的人，这是为她面试加分的重要原因。"B 公司负责人则说道："今天来面试的这位女士整体穿着打扮太暴露,这是面试时最忌讳的,她的这种外在形象既是对自己一种不负责任的表现,又是对我们的一种不尊重,所以,我们没有选择留下她。"

这两个试验,再一次证明了在社交活动中,我们需要在穿着打扮上用点"心思"。

那么平时我们参加社交活动时,应该如何在自己的穿着打扮上用"心思"呢?

(1)依据场合选择服装和妆容

在参加重大聚会时男士可以选择一身正装外加配色皮鞋,而女士则应该化精致的妆容,衣服上选择适合自己的礼服,当然也要选择相搭配的鞋子。

在平时上班时,职业套装必不可少,至于妆容,女士应该化淡妆,男士保持整洁即可。在见比较普通的朋友时,男士可以选择比较休闲的衣服,女士可以选择铅笔裙等一些不是太正式的衣服。在见很要好很熟悉的朋友时,我们可以随意一些,衣服以舒服为主,可以化妆也可以选择素颜。

(2)着装打扮要整体相协调

无论男士还是女士,在穿着打扮上一定要遵守整体协调的原则。衣服、鞋子、配饰、脸部妆容等各部分要搭配得体,整体上展现出和谐、美好的特点。

(3)适合自己的年龄、身形、职业等特点

一个人的穿着打扮要与其个性相适应。这里所讲的"个性"是指每个人的年龄、体形、职业、气质等要素。在进行穿着打扮时,只有适合自己的"个性",以自己的"个性"为基础创造和保持自己的风格,才能更好地塑造个人良好的外在形象,给交往对象留下好的印象。

(4)佩饰的选择

这里的佩饰是指项链、戒指、耳环、手镯、手表、胸针、丝巾、披肩、腰带、提包、帽子、眼镜等一些除衣服之外的物件。有时，一些社交活动需要我们佩戴一些起装饰作用的配件，在选择佩饰时要对其颜色、大小、款式等进行挑选，切忌喧宾夺主，要记住这些佩饰只是起锦上添花的作用，不能让其遮掩了你整体的外在形象。

眼神+笑容，帮你轻松赢得好感

在人际交往中，一个微妙的眼神或一个灿烂的笑容往往便会给对方留下一个好印象。眼睛是心灵的窗户，而眼神则是透过窗户传递出的内心世界的本质，人与人之间的沟通离不开眼神。脸上常常带有笑容是一种健康的心理状态，它似一束阳光，照耀和温暖着彼此。当你对交往对象微笑时，你积极乐观的状态也在感染着对方，笑容常常会帮你赢得他人的好感。在与人打交道时，你的眼神和笑容常常起到"此时无声胜有声"的效果。

人们之间的眼神交流也是社交中的一种有效的沟通方式，通过彼此之间的眼神，流露出对方的内心世界。清澈、明亮的眼神表明一个人性格单纯，平易近人；充满着慈祥和爱意的眼神反映出一个人与人为善；愤怒的眼神则说明此人正在因为某件事或某个人而生气。

常带笑容是对他人的一种尊重，是缓和矛盾的法宝，它是打开对方心门的钥匙，能够使交际双方在情感上产生共鸣，它也是鼓励自己与他人的有效方法。以笑容示人，只是一个小小的微笑，你在对方心中便已经产生了好感。

与人打交道，想在对方心中产生好感，不妨用眼神透露自己的内心世界，用笑容感染对方。

小睿和他女朋友的相恋便是起源于他们之间的眼神交流以及迷人的微笑。小睿去当地一处健身房健身，在搭电梯的途中，他遇到了让他一见钟情的另一半。

第十六章 言行有礼，别因不懂社交礼仪陷入窘境

事情的发展过程是这样的：

一天小睿下班后，打算去当地一处有名的健身房健身。因为健身房在大楼第5层，所以他选择了搭电梯。刚一进入电梯，一名身穿运动套装的女子匆匆地跑了过来。之后，电梯内便陷入了沉默，两个人分别位于电梯的两侧。

小睿时不时地偷看他身侧的这位年轻而充满活力的女子，而这位女子也趁小睿不注意偷看小睿帅气的侧颜。在到达健身房后，两人眼神正好对上，出于尴尬，两人都选择了微笑。这种眼神传递出的一见钟情和两人所展示的微笑都给对方留下了良好的印象。

之后，两人每天下班后都会去健身房制造各种见面的机会，久而久之，小睿和她相恋了。

两人看彼此的眼神所传递出的信号是一见钟情，他们用眼神来进行了传情达意，而之后迷人的微笑则是在认可对方，表明对方在自己心中已经产生了好感。

在与人交往时，不经意间的眼神和笑容都会帮你轻松赢得他人好感。"眼神＋笑容"是一个"社交达人"的必备武器。当然，运用眼神和笑容也需要我们找一些小技巧。

（1）让对方发现自己的眼神。

在人际交往中，要懂得用眼神建立有效沟通，如果对方没有发现你的眼神，你就要为他发现你的眼神制造时机。

（2）用眼神注视对方，表明自己对对方的话题感兴趣。

当一个人对所谈话题感兴趣时，他会不由自主地用眼神去捕捉对方的内心，并且眼睛会睁大，眉毛轻微上扬，呈现出一直注视着对方的状态。这种眼神会让对方感受到你对他所说的内容感兴趣，并且你想要知道得更多，同时也获得了对方的好感。当然，所谓的注视并不是直勾勾地盯着对方的眼睛看，这样是一种不礼貌的行为，难以在对方心中留下好印象。

(3)眼神与笑容相辅相成,注意眼神和笑容的共用。

单一的笑容有时会显得一个人矫揉造作,给对方一种不真诚的感觉。要想帮自己赢得对方的好感,你可以在保持笑容的同时加上一个友善真诚的眼神,这样别人才不会对你产生反感的情绪。

(4)笑容适度原则。

不同场合、不同交际对象,要选择不同程度的笑容。面对陌生人,我们可以适度微笑,切不可豪放地大笑,因为这是对对方的一种不尊重;面对自己熟悉的人,我们可以放松地笑,不用忌讳太多。

用肢体语言传达你的友善

肢体语言即身体语言,它是指人们通过头部、眼部、颈部、手、肘、臂、胯、脚等部位与交际对方进行沟通的一种方式。人们通过这种肢体语言的沟通方式,来传情达意,表达自己的思想和感情。

广义的肢体语言包括表情语言和动作语言。表情语言是指人们脸部(眼、眉、嘴、鼻、颜面肌肉等)所表现出来的各种表情,而动作语言则是通过人们的身体和四肢所展示出来的动作。在人际交往中,有时穿插一些肢体语言来表达你自己所要表达的内容,让对方感觉到你的真诚和友善,并且对你产生好感,从而欣赏你。那么,何乐而不为呢?

在社交活动中,当我们遇到自己熟悉的朋友时,除了用必要的礼貌用语来打招呼外,我们通常还会选择采取一些肢体语言,以此传达自己的热情和友善。比如,摆手打招呼。通过摆手的手势和动作来向对方传递打招呼的信息。这种肢体语言是通过人们的双手来完成的,这种摆手的动作是社交中一种特殊的表情达意的语言系统。摆手在我们日常交往中经常出现,是人们表示礼貌和友善的标志性动作,它侧面展示出一个人的情绪和魅力。

微笑这种表情语言属于广义上的肢体语言。当你对别人微微一笑时,既表明了你的友善，也会让别人感受到你的活力与阳光，使对方心中感到很舒适，给对方留下一个好的印象。

有这样一个故事。在某一座城市，有一个富豪，他虽然很富有，但是并不快乐。一次，他在路上漫无目的地行走，一副无精打采的样子。就在这时，迎面走过来一个小女孩，这个小女孩看见他，礼貌地冲他微微一笑。富豪被她可爱的样子、灿烂的笑容所感染。回到家后，他顿然醒悟："与其每天垂头丧气、不高兴，不如像那个孩子一样每天多微笑，为什么要不高兴呢？"鉴于这个小女孩友善的微笑给自己留下了很深刻的印象，并且使自己受到很大的启发，所以，富豪派人找到了她，并且当面表达了感谢。

小女孩用一个简单的微笑，传递出了她对富豪的友善，她的天真、单纯和善良通过这个小小的微笑传达给了并不快乐的富豪，她阳光般的心态在无形之中已经感染了对方。

在社交活动中，穿插一些肢体语言，适当地用肢体语言来表达，有时比语言表达更容易使对方感受到你的友善，使对方对你产生好感。

（1）给人拥抱。

当一个人处于伤心或失意状态时，假如你不知道应该如何用言语去安慰对方，试着给对方一个拥抱吧。一个小小的拥抱可以给人温暖，这既显示了你的友善和关心，又给予了对方安慰和鼓励。当然，拥抱也要分不同的场合和对象，不能毫无忌讳。

（2）握手。

握手是在交往场合中尤其是职场中人们最普遍采用的肢体语言，我们见到对方主动和他们去握手，以表示友好和欢迎。注意握手时的礼节，握手时，双方要注意保持一定距离，以免显得彼此不尊重。此外一定要注意手部清洁，让对方愿意和你握手，给彼此留下一个好印象。

（3）拍手赞美、鼓励对方。

在台下做观众时，我们经常会给嘉宾献上热烈的掌声以表示我们对其精彩节目的欣赏，这是对嘉宾的鼓舞。其实，日常社交中，我们也要经常拍手赞美我们的家人、朋友、同事等，以此来表达我们的真诚，给对方以鼓励。

肢体语言丰富多彩，只要在平时的社交中多留意、多总结，并且再适当地去加以运用，以此来向他人传递出自己的友善，相信你就会在各种社交场合中做到游刃有余。

善于聆听的人更能迅速赢得人心

著名的法国启蒙思想家伏尔泰曾说过："耳朵是通向心灵的路。"在社交中，聆听是一种有效的沟通方式。人与人交往，要想建立和保持一种有效的沟通，需要我们去聆听对方的心声。只有去用心聆听，我们才能得知对方想要表达的内容，感受对方的内心世界。只有去用心聆听，才能让对方感受到我们在和他交谈，感受到我们对他的尊重，而我们的尊重同样也得到了对方的肯定和接纳，迅速给对方留下了一个好印象，赢得对方的好感。

善于聆听的人，给对方一种真诚和尊重他人之感，能够迅速赢得人心。要想做一个社交达人，一定要学会做一个善于聆听的人。

一名汽车推销员便是因为没有认真倾听顾客的诉说，致使自己失去了一次拿到订单的机会。

在顾客来到汽车展厅时，顾客想请这名汽车推销员介绍几款车子。于是汽车推销员热情接待了这位顾客，并为他介绍了一种最新车型，向他说明了新型车的优点以及性能。客人了解后对车子感到很满意，准备买下这辆车。然而，就在去办理购买手续的途中，这位顾客突然变卦，决定不买了。

为什么好好的一个订单机会就这样失去了呢？汽车推销员感到很困惑，回到家中，他辗转反侧、夜不能寐。"是自己的服务态度有问题吗？可是我对待顾客都很热情呀，到底是因为什么呢？"之后，他找到该名顾客的联系方式，给对方打了电话，想知道对方为什么最终没有将车子买下。

"聆听是对人的一种尊重，今天在我签字前，我提及我的儿子考上了加利福尼亚大学，他即将去那所大学就读，并且他很喜欢赛车，我还说了我儿子将来的梦想，我为他感到十分自豪。然而你却并没有认真听我说这些，你只顾推销自己的车子，一心只想着你的订单。你这是对我的不尊重，所以最后我没有买下这辆车子。"顾客向他解释道。

顾客在买车时一直强调自己的儿子和儿子考上的大学，而这名推销员却总是强调自己的车子，没有使顾客感受到最基本的尊重，最终给顾客留下了一个不好的印象，他因为没有迅速赢得人心，所以没有将车子卖出去。

聆听是一门艺术，是对人的一种礼貌，是连接彼此的桥梁，社交中，我们需要聆听。那么，如何做一个善于聆听而迅速赢得人心的人呢？

（1）等对方说完，不急于打断对方。

一个善于聆听的人，懂得如何把握对方心理。对方向你倾诉，向你诉说自己的心事，有时只是需要你做一个倾听者，而不需要你参与讨论。这时，即使是那些你感觉很无聊的事情，也要等对方说完，不急于打断对方。如果对方提及的是需要讨论的话题，我们也要等对方说完，再来陈述自己的看法，这是对对方的一种尊重，会在对方心中留下一个好印象。

（2）聆听他人，要看对方的眼睛，切忌东张西望。

与人交流，看对方的眼睛，表明你在聆听，用眼神交流，是对他人的一种尊重，容易使对方对你产生好感，从而迅速赢得人心。值得注意的是，在聆听的时候，切忌东张西望，这是一种对对方所说内容不感兴趣的表现，这种不礼貌的行为会给对方留下不好的印象。

（3）用点头表示肯定回答。

在社交中，人们都渴望被对方倾听，希望得到对方认可。要想给他人留下一个好印象，赢得对方的好感，不妨在聆听的同时，遇到你认可的观点用点头的动作来表明你赞同对方。

第十七章 情绪调节 人际交往必备的心理素质

错在把简单的事情复杂化

生活中有许多烦心事,令人应接不暇。许多人因此陷入紧张、焦虑的状态,身心疲惫。不过,有些烦恼是自找的,而问题的根源是你想得太多,结果把简单的事情复杂化。

看待周围的人和事,不要抱着复杂的心态,而应学会简单思考,获得正确的认识。简单是一种智慧的境界和心态,避免把简单的事情复杂化才能寻求突破,找到解决问题的良策。而面对困难和挑战,简单化思考可以让你充满勇气,让内心变得更强大。

为了应对日益增多的客流,圣地亚哥的艾尔·柯齐酒店准备增加几部电梯。工程师、建筑师坐到一起商量对策,决定在每层楼的地面上打一个洞,并在地下室安装马达。

但是,这种方案会导致酒店内尘土飞扬,引起客人不满,从而影响酒店的声誉和服务质量。酒店负责人与工程专家在楼道里商讨对策,争得面红耳赤,一时间情绪激昂。

正在旁边扫地的清洁工听到争论,走过来说:"在每个楼层钻洞的确不是好办法,不但现场会变得一团糟,而且尘土清扫起来很麻烦。"

工程师转过身,对清洁工说:"那怎么办,难道停业再施工吗?"听到这里,酒店负责人急忙说:"坚决不行,如果这么做会让顾客误认为酒店倒闭了,生意肯定会一落千丈。"

看到大家急切的样子,清洁工说:"我有一个好方法,既能按时把电梯装好,还能省去不少麻烦。"工程师和酒店负责人不约而同地投来期待的目光,清洁工接着说:"把电梯装在酒店外面。"

听到这里,工程师与酒店负责人面面相觑,不禁为这个绝妙的点子叫好。这就是近代建筑史上的室外电梯,它开启了一次施工革命。

这个世界原本是简单的,但是习惯把问题复杂化会让我们失去正确思考的能力,并因无法从中解脱而变得情绪失控。一味地把事情复杂化,不惜钻牛角尖,最后一定没有退路。

请尝试着做出改变,学会简单思考问题,不再为身边的小事抓狂。如果让你区分水和酒,不必费尽周折去猜测,只要上前闻一闻就知道答案了。一个人想轻松应对这个世界,首先要学会简单思考。

第一,学会正常沟通,准确掌握事情的来龙去脉。许多人把简单的事情复杂化,一个重要原因是不善于沟通,结果无法掌握真实有效的信息,最后因错误的决策导致无法收拾局面。

第二,学会勇敢面对,大胆接受眼前的挑战。无法面对既成的事实,选择逃避和放弃,必然无法进行正常思考,从而离正确的轨道越来越远。

第三,学会理性接受,不做情绪化的奴隶。遇到麻烦事,有些人无法接受,会变得情绪失控。失去了理性思考能力,自然会把简单的事情复杂化,导致无法收场。

别想太多,真的没什么用。生活中有各种麻烦和磨难,每个人都要学会理性面对,不必把简单的事情复杂化。按正常的逻辑判定生活,相信自己有能力应对挑战,相信有更好的事情等着你,这样就不会杞人忧天了。

避免与人发生无谓的冲突

当愤怒的情绪产生之后,如果你不知道如何去处理它,自然会倾泻到周围的人身上,给他人带来痛苦。因愤怒而失控的后果是,既伤害到他人,也让自己陷入被动。

如果无法完全杜绝发怒,那么起码要尝试着减少发火的频率,坚决不能放纵自己。不与他人发生无谓的冲突,能从根源上减少发怒的次数。

有一次，美国总统杜鲁门会见麦克阿瑟，后者是一位十分傲慢的将军。交谈过程中，麦克阿瑟拿出烟斗，装上烟丝，然后叼起烟斗，取出火柴。

划燃火柴之前，麦克阿瑟停顿了一下，转过头看着杜鲁门，问道："我喜欢抽烟，你不会介意吧？"很明显，这不是真心征求意见。明明已经做好了抽烟的准备，却征询对方的意见，自然令人恼火。

这时候，杜鲁门如果说"介意"，就会显得粗鲁和霸道。尽管被麦克阿瑟缺乏礼貌的傲慢言行弄得有些恼火，但是杜鲁门还是一忍再忍，避免与对方发生无谓的冲突。

最后，杜鲁门狠狠地盯着麦克阿瑟，略带自嘲地说："抽吧，将军，今天你喷到我脸上的烟雾，要比喷在任何一个美国人脸上的烟雾都多。"

身为领导者，必须有足够的涵养与情绪掌控能力。杜鲁门虽然不满麦克阿瑟当众吸烟的举动，但是为了减少分歧和矛盾，他选择了忍让，控制了怒火，以自嘲的方式维护了交谈的场面。

不能控制愤怒的人，处处与人发生矛盾，注定会把局面搞砸，无助于维持友善的关系。虽然内心不满，但是为了减少因发怒而越发不可收拾的糟糕局面，你必须练习避免与人发生冲突的情绪掌控力。

当你和别人产生争执的时候，怎样才能控制自己的情绪，避免情况继续恶化下去呢？

第一，纠正认识上的误区。一些不理性的思维会影响人的判断和分析，令人头脑中的映象变得模糊，从而对别人发怒。最常见的误区是主观意识强烈，习惯用自己的尺子衡量其他人的行为。发生了一件小事，自以为是地认定一个原因，而不考虑实际情况，并为此大动肝火，这是许多人情绪失控的常见表现。

第二，学会倾听对方的心声。倾听不只是听对方说话，还要从肢体动作等细节入手，理解对方的真实意图。比如，看着对方的眼睛，留意点头、摇头等动作，有助于掌握正确的信息，减少误解和分歧。比如，对迟到的人别急于指责，无谓地争吵毫无意义，只会把事情搞砸。给对方一个解释的机会，或许结果就会完全不同。

第三，温婉地提出批评。如果习惯说"你就这样了""没救了"之类的话，没有人会和颜悦色地对待你。即使提出批评，也要给对方一些建设性的意见，令其感受到你的诚意与友善，这样自然能消除对方的敌意。

用理解的眼光看待别人，掌握每个人的个性心理特征，提升自己的共情能力，自然容易减少矛盾和误解。

群际关系左右人的情绪变化

一个人产生不同的情绪体验，很大程度上是因为受到周围人群的影响。在特定的群际关系中，人们会成为组织、团队、群体的一分子，会产生特定的价值认同、心理认同，也在情绪上被这种特殊的环境左右。

在这个世界上，没有人能够完全脱离环境的影响。同事受到批评，你会产生担忧；邻里关系紧张，你很难有好心情……群际关系左右人的情绪变化，甚至这种体验会成为个体自我心理的一部分。

春天来了，树木发芽了，小草也开始变绿。然而，小城的贫民区没有任何变化。走在街道上，看不到一丝生气，感受到的只是嘈杂和混乱。

孩子们穿上漂亮的新衣服去上学，唯独住在贫民区的一个小姑娘还穿着破旧的衬衫，因为她只有一件衣服。

这个小姑娘学习成绩很好，但是看上去太邋遢了，头发乱糟糟的，衣服从来没有换过。老师看不下去了，给她买了一件漂亮的红色连衣裙。接过礼物的那一刻，小姑娘高兴得脸颊都红了。

第二天，小姑娘穿着漂亮的红裙子来到学校，头发梳得整整齐齐，脸也洗得干干净净。丑小鸭一夜之间变成了小公主，同学们羡慕不已。她高兴地对老师说："妈妈看到我的红裙子，高兴极了。爸爸出门找工作了，晚上一定会感到惊喜。"

果然，爸爸晚上回家看到女儿的打扮，立刻惊呆了。吃晚饭的时候，爸爸忽然发现餐桌上铺了一块花布。妈妈说："又脏又乱的屋子怎能配得上我们漂亮的小心肝呢？我要用最美的装饰搭配漂亮的小公主。"

晚饭后，妈妈认真地擦着地板，爸爸不声不响地到院子里修理栅栏。奇迹就这样发生了，全家人都忙碌起来，心里有说不出的高兴。

过了几天，一家人开始重新粉刷房屋，原来又脏又乱的屋子变得干净整洁了。周围的邻居看到这一幕，也开始用心收拾屋子。不久，政府接受建议，开始帮助贫民区的居民完善规划。几个月后，小城贫民区发生了令人惊叹的巨变，好像那个第一次穿上裙子的小姑娘一样美丽。

任何一个人，每时每刻都生活在他人的影响之下。从出生那一刻开始，接受父母的养育；到学校读书，与老师和同学朝夕相处；参加工作以后，每天与同事、客户打交道。显然，人生的喜怒哀乐都与不同的人际关系密切相关。

研究表明，一个人的认知、情感受到群际关系的影响，而特定的群际情绪会调节个体的行为。当个体认同某一群体时，就会把群体的观念变成自我的一部分，获得了社会和情绪意义。然后，评价与群体有关的事物也会带上特定的情绪色彩。

由此看来，每个人都会创造情绪氛围，并影响他人。意识到这一事实后，我们就不可避免地有了一种责任，即对自己的情绪多加关注，因为你会把特定的情绪和能量传递给他人。

人们都有从众心理，这是典型的群际情绪影响下的产物。受到外界不良情绪的影响，我们要懂得"免受其害"，时刻与积极情绪为伍。

克服"社交紧张"情绪

年轻人经常出现"社交紧张"问题，尤其是遇到大场面的时候，会在很多人面前显得局促不安。显然，这会给其他人留下不良印象。学会克服"社交紧张"情绪，变得更加自信、大方，才容易获得他人欣赏。

莉娜今年26岁，在一家公司做经理助理。对即将到来的婚礼，她感到十分焦虑。莉娜其实不是害怕结婚，相反很期待过上安稳的家庭生活。她真正忧虑的是婚礼本身。她不敢想象，面对那么多人的婚礼场景，自己会是什么样子。事实上，因为惧怕成为众人的焦点，她已经三番两次推迟婚礼了。

其实，莉娜一直都很害羞，甚至在很小的时候就害怕与众人相处。上高中的时候，面对周围陌生或者熟悉的人群，她也会变得焦虑，并影响到了正常的学习。莉娜认为，在众人面前自己会变得不自在，所以平时很少和大家一起活动。

整个大学期间，莉娜都觉得很难交到好朋友。虽然大家都很喜欢她，经常邀请她去参加活动，但是她很少参加。大学毕业后，她在公司里仍然拒绝与其他员工一起吃饭，也从不参加年终聚餐。

多年来，社交紧张情绪严重干扰了莉娜的学习、工作和社交生活。她独自一人生活，已经习以为常，觉得离开社交活动并不缺少什么。直到现在，这种情绪妨碍到她与未婚夫的婚礼，莉娜才意识到自己的社交问题多么严重。

太在乎他人的看法，并由此变得不自信，这是社交紧张的重要原因。而当内心紧张不安时，许多人会选择逃避，在心里设定一道防线，拒绝与他人交流。其实，逃避并不能缓解紧张情绪，相反会让人变得越来越懦弱，紧张情绪也会越来越严重。

一位心理学家说："我们害怕的其实并不是事物本身，而是自己。"克服社交紧张最好的方法就是勇敢面对，勇敢地直视问题。当你大胆迈出第一步，决心改变自己的时候，就会在社交活动中调整情绪，掌握与人交流的技巧。

除此之外，克服紧张情绪的终极办法是积累经验。一件事情做得次数越来越多,越来越熟练,紧张的状态就会渐渐缓解。所以不要畏惧紧张,大胆地去尝试,与人接触多了,心里的阴霾就会消失,取而代之的必将是自信满满。

克服社交中的紧张情绪,首先要在心理上放松,相信自己的人格魅力。不惧怕失败和出丑,放下忧虑,也有助于在社交场合变得更加洒脱自然。

第十八章
读懂微表情和肢体语言
洞悉微妙的人际情绪真相

教你读懂千差万别的嘴形

人的五官当中，嘴巴的作用很重要，它不仅是我们获取食物的通道，也承担着对外交流的重任。一个人的嘴巴不仅能够反映他的生理状况，也能够反映这个人的内心世界。

看一个人的嘴巴，我们最先会看到这个人嘴唇的厚薄。嘴唇厚的人往往一副富贵相，身体比较强壮。嘴唇厚的人往往会在某一种艺术上有很高的天赋，这些是他们的优点。当然，凡事过犹不及，如果嘴唇过于厚也不是好事，这样的人往往比较固执，很难被说服，而且欲望也很强烈，但是生活往往比较贫困。

嘴唇薄的人比较机警，他们大多能言善辩，薄薄的嘴唇仿佛就是说了太多的话磨薄了一般。这类人比较聪明，但不是大智慧，而是一些小聪明。嘴唇薄的人给人一种很有冲击力的感觉，让人觉得他们很刚强，但他们内心却比较脆弱，做事过于小心谨慎，在外人看来他们是遇事冷静，其实是他们感情冷淡的表现。

嘴唇比较长的人好胜心比较强，这类人的个人能力比较突出，遇事冷静果断，能够处理各种难题。他们很现实，不过他们的现实不是我们常说的那种"拜金"的现实，他们的现实是理性的现实，所以并不惹人厌。

嘴唇比较短的人拥有浓厚的理想主义色彩，他们往往会有很美好的想法，但是执行力却很差。他们的理想大多存在于脑海里，即便是付诸实施了，在执行过程中也经常出现犹疑不定、踟蹰不前的状况。所以这类人总会给人以语言上的巨人、行动上的矮子的感觉。

嘴角下垂的人，这类人性格比较消极，遇事总习惯往坏的方面想。

第十八章 读懂微表情和肢体语言：洞悉微妙的人际情绪真相

生活当中他们很悲观、消极，即便是在事业上取得了一定的成就，生活也不那么糟糕的时候，周围的人也很难从他们那里听到积极的言论。相反，他们总是把那些不如意的事情放大，发表一些消极的言论。这类人的脾气也很古怪，总是会莫名其妙地发脾气。但是发怒之后他们自己也不轻松，因为有时候就连他们自己都不知道为什么会动怒。悲观、消极，莫名其妙的怪脾气严重影响了他们的人际关系，这类人多数没什么朋友，因为没什么人能够与脾气古怪的他们相处。

嘴角上扬的人天性乐观，这类人对生活、事业充满信心，处于困境的时候也能不屈不挠。嘴角上扬的人也给人聪明、睿智的感觉，他们能够处理各种难题。这类人心胸很宽广，即便是被严厉批评了也不会灰心丧气，反而会把批评转化为动力，继续前进。天性乐观的他们人缘也很好，能够与各式各样的人友好相处。

双唇微微张开，这类人很有魅力，他们身上充满了迷人的气质，非常有挑逗性。他们热情开朗，浪漫多情，对一切罗曼蒂克都来者不拒。他们的一举一动、一颦一笑都充满诱惑力，迷人的特质总能让他们成为派对的焦点。

嘴唇紧闭的人，这类人行事小心谨慎，他们奉行小心无大错的处世准则，常常如履薄冰，谨慎得近乎敏感。朋友的一句玩笑话，在他们那里能够引发出几种、十几种臆想。嘴唇禁闭的人严格而固执，他们不愿意与人深交，刻意和他人保持一定的距离，给自己一段"安全"的距离。过度的谨慎也让这些人内心充满焦虑，让他们长年处于焦虑状态下。不过这类人能够绝对保守秘密，如果能够打开他们的心门，这类人会是不错的朋友。

嘴唇的类型能够说明一个人的性格特征，但不一定百分百准确，如果能够结合一个人说话时的嘴唇动作，那么了解一个人当时的心理状态就不太难了。

读懂不经意的撇嘴动作

在日常生活中，经常会遇到这样一些人，当我们跟他们交谈的时候，他们总是自觉或不自觉地进行一些撇嘴的动作，让我们产生莫名其妙的感受，因此多数情况下就会选择忽略。对这种微表情不重视，也许我们会错过很多重要的真实信息。

一天，警察局里出现了一位偷窃的犯罪嫌疑人，他表情淡漠，丝毫不因为自己被当作犯罪嫌疑人而恐慌、焦躁。当一切准备就绪后，探长发话了："案发的时候你在什么地方……"可是不论他们问什么，犯罪嫌疑人都不说话，最后实在受不了警察的逼问，他只说了一句话："在我的律师未到之前，我是不会回答你们的任何问题的。"然后，他就把嘴巴撇紧，保持缄默，不再说任何一句话。这时，有经验的探长知道，他们遇到了一个意志坚定的犯罪嫌疑人，他守口如瓶，又滴水不漏，这将会使案件变得复杂。因为他们很难从犯罪嫌疑人的口中获得任何有利的口供……

事实上，撇嘴动作有两种表现形式：一种是嘴角轻轻向上撇，一种是嘴角向下撇。不同的表现形式具有不同的表达含义，在这里我们将做一个具体介绍。

（1）嘴角向上撇

通常情况下，经常把嘴角轻轻向上撇的人，性格活泼外向。他们喜欢与人交谈，相比一般人，他们的头脑更为灵活，心胸更为旷达，因此大多数情况下他们都会保持良好的心态。即使他们遇到不顺心的事情，心情沮丧也只是暂时的，只需要很短的时间他们就可以调整过来，因为他们善于处理悲观的情绪，不让自己被悲伤左右。

也许你会记得，在你小的时候，总有那么几个小伙伴，喜欢跟你分享他们每天的经历。当他们获得老师或者同学的赞美，他们会兴冲冲地找到你,对你说:"你知道吗,那个谁谁谁说我长得漂亮,那个谁谁谁夸我字写得漂亮……"而这时你要是仔细观察他们的表情就会知道什么叫作"眉飞色舞",而仔细观看他们的嘴巴,就会发现那是上撇留下的得意的神色。

(2)嘴角向下撇

在心理学上,嘴角向下撇往往是悲观情绪的表征。经心理学家研究,嘴角经常下撇的人,性格多数比较死板保守,他们固执己见,爱钻牛角尖,因此面对分歧的时候,他们往往会与他人产生激烈的争吵。在平时生活中,他们并不爱多说话,也不会轻易表达自己的观点,但是他们会默认自己的观点就是最好的,不管你是动之以情,还是晓之以理,他们都会不为所动,因此相处起来有些困难。

丽丽性格很内向,她总是喜欢自己一个人。有一天,妈妈召开家庭会议,希望丽丽和萍萍都能够对如何布置客厅发表意见。萍萍是姐姐,她首先发言:"我觉得一开门就能看到一个大的刺绣图,会使客厅显得很精致,然后东边放一个沙发,西边放上电视机……"萍萍侃侃而谈,丽丽则显得心不在焉,问她她也说没有意见,可是当萍萍说的时候她就撇撇嘴,这一切妈妈都看在了眼里,于是她就换了一种方法,说:"我们每个人都参加进去,自己动手做一个自己最喜欢的改变,可以吗?""这个好!!"丽丽一听高兴得不得了,马上就有了精神……

从这里我们也可以看出来,准确解读微表情可以最大限度地调动人们的积极性。只有正确了解了对方真实的想法,我们才能做到对症下药,这样不仅有助于缓解彼此之间的尴尬,打破沉默,而且还能够提高决策的效率,对于工作的进行具有重要意义。

点头真的代表"yes"吗

在日常的工作和生活中,点头是一个十分常见的动作。一般认为,点头表示的是认可、肯定的态度。曾经还有人专门针对先天的聋、哑、盲人进行过测验，发现他们也是用点头表示肯定，于是他们得出了一个"点头天生论"的观点，意思就是说点头表示肯定在全世界都通用。

当然，点头表示肯定也有例外，比如在印度，当人们表示赞同的时候并不是用点头，而是轻微地晃一下头。还有一些特殊的情况，点头表示的也不一定是肯定，也可能是其他方面的意思。比如一个人在被胁迫的时候，他不得不答应对方的条件时，这里的点头就不是内心真实的同意了。所以，当在交谈中看到对方点头时，一定要根据实际情况来分析对方的真实意思，切勿盲目地认为对方在赞同自己，以免闹出误会。

（1）频繁点头表示不耐烦

在一场谈话中，如果对方对你说的每一句话、每一个观点都频繁点头，每次点头都在三次以上，那么你就应该注意了。对方此时并不是在同意你的观点，而是他已经不耐烦了，想要尽快结束这场谈话。

王阳是一名销售人员，刚参加工作的时候他很有热情，想要通过业绩来证明自己的能力。因此他每天都要去拜访那些潜在的客户，向他们介绍本公司的产品。

刘森是一家商贸公司的经理，王阳认为他是自己潜在的客户，所以每天都会去拜访刘森，但是每次都会被刘森拒绝。

这天，在一家咖啡馆里，王阳看到刘森在和朋友喝咖啡。兴奋的王阳立即冲了过去："刘经理，您还记得我吗？我是王阳。"正在和朋友聊天的刘森愣了一下，点了点头，说道："王先生，现在是我的休息时间，工作上的事情请您在工作时间找我。"

王阳却认为这是一个好机会，没有在乎刘森的拒绝，而是坐了下来，这让刘森和他的朋友们都很意外。坐下之后，王阳说道："我不会打扰您太多时间，正好也可以让您的朋友了解一下我们公司的产品。"接着，王阳就开始滔滔不绝地介绍起产品来。刘森为了尽快打发他，只得点头应付他。

第十八章 读懂微表情和肢体语言：洞悉微妙的人际情绪真相

看到刘森点头，王阳说得更起劲了，刘森还是微笑着点头应付他。王阳以为刘森很认可他们公司的产品，打算趁热打铁签下合约，于是说道："您看我们什么时候详细谈谈合约的事情？"

刘森看了看王阳说道："嗯，我会让秘书尽快联系你。"没过多久，王阳接到了刘森秘书的电话，对方告诉他，他们已经和另一家公司合作了。

因此，在谈话中看到对方对自己点头，千万不要想当然地认为对方赞同自己的观点，同意自己的话，一定要根据实际情况仔细分析，以免闹出笑话。

（2）延后或超前的点头表明对方没有在听你说

当点头这个动作与所说的话没有保持一致，那么对方可能在想其他事情，并没有在听你讲话。比如当你说完一件事情之后，过了一会儿对方才点头说"是，对的"，那么这个点头只是在敷衍，其实对方并没有听你说的话。

（3）点头表示"我明白""我知道"

如果在你讲话开始没多久，对方就频繁点头，并且在点头的时候时而看看你，那么他在传达一个消息——你说的事情我都知道，这些事情我都明白。当遇到这种情况的时候，你最好适可而止，否则会引起对方的反感。

总而言之，点头与认可、同意没有必然的联系。点头在不同的情况下有不同的含义，我们要做的就是根据具体环境进行分析，认真观察对方的肢体语言，进而分析出对方的真实情绪，以免误解对方的意思。

手在耳边打转代表暗示

和面部其他器官相比较，耳朵的部位比较隐秘。作为面部的重要组成部分，人们也会在不知不觉中触碰到耳朵，所以对耳朵发出来的信息也不容忽视。

心理学家和行为学家研究发现，在交谈当中，当倾听的一方将手指放在耳边并不停打转的时候，就表明他对对方所说的内容很感兴趣。相信这种情况我们都遇到过，就是在说话的时候，对方出现了拉耳垂、手指在鬓角附近打转、摸耳朵等动作，那就是说对方对现在的话题很感兴趣，他希望能够继续交流下去。在日本有句谚语叫"拉开耳朵好听话"，对上述动作形容得非常贴切。

这个动作非常容易被看到，旋转的手指好像是要打开耳朵，以便能够更好地倾听对方在说什么。这个时候对方的眼神和神情都会很愉悦，就好像是在说："你说的这件事情我很感兴趣。""是真的吗？为什么这样的事情我就没有遇到过呢？"这就表示对方对你所说的事情很有兴趣，他希望你能够继续说下去。这个时候就要仔细观察对方最感兴趣的"内容"是什么，然后以此为切入口将交流继续下去，这对双方的沟通很有帮助。

孙通是一名保险销售人员，他每个月的业绩总能比同事高出许多。有同事曾问过孙通关于销售方面的技巧，孙通告诉同事，在推销保险的时候，不仅要会说、会听，还要会看。对于说和听，同事们表示理解，但是看就不太明白了。

孙通解释道："这里的看，就是在和客户交流的时候多看看顾客的肢体动作，从这些动作里也可以看出顾客心里想说的话。"随后，孙通向大家讲自己在推销中遇到的一件事情。

他说自己曾接洽过一对中年夫妇。一开始，孙通觉得他们要买的是他们这个年龄段的险种，于是向他们介绍了一些这个年龄段的保险。但是这对夫妇对这些险种并不感兴趣。这时孙通感到有些纳闷，甚至怀疑这对夫妇到底是不是真的要买保险。不过孙通没有放弃，而是继续和这对夫妇交流，并且不断向他们介绍其他的险种，在提到一款家庭险种的时候，夫妇中的妻子突然伸手摸了摸耳垂。孙通注意到了这个动作，知道他们想要购买的是家庭险。

于是，在接下来的时间里，孙通开始重点介绍家庭险。这个时候，夫妇二人也表现出了浓厚的兴趣，不断地提问。孙通知道自己找到了突破口，开始详细解说家庭险的各个项目。最后，其中一个险种让这对夫妇很感兴趣，他们重点了解了这个险种之后，觉得很适合他们的家庭，于是当场就签订了购买协议。

由此可见，日常交际的时候切勿忽略对方的小动作，即便是很小的动作也能透露出大量的信息。当然，手指放在耳边并不仅仅是表示有兴趣。当一个人困惑的时候也会把手放在耳后，并且用食指反复抓挠耳后；当一个人焦虑和紧张的时候也会把手放在耳朵上不断抓挠，这个动作可以帮助他缓解紧张和不安；另外，当一个人把耳廓向前压，盖住耳洞的时候，这就表示对方在抗拒，他不想听你讲下去了。

总之，在脸部，耳朵是一个比较隐秘的部位，但是它同样可以传递出大量的信息。当一个人出现抓挠耳朵，手指在耳边打转的动作时，你就要考虑对方现在到底是什么心态。只有了解了对方的心理状况，才能在交流中掌握主动权。

第十九章 隐性逻辑

如何避开社交中的人为「陷阱」

恭维背后很可能有阴谋

经常有人说，无事不登三宝殿，也就是说，如果无所求，就不会去拜佛，因为有所求，才想到了去求佛祖。同样，没有人会无缘无故就去恭维、夸奖另外一个人。

恭维不是简单的、单纯的夸奖和赞美，而是出于讨好别人的目的而去称赞、颂扬。最常见的就是那种巴结领导或者求别人办事的时候的言行。有句话说得好：恭维你的人看上去就像朋友，就像狼看上去像狗。

变得越来越复杂的不是社会，是组成这个社会的个人。所有的事情都变得界限模糊，好和坏，已经没有办法去区分和界定，对和错只是成了相对的两个答案，笑和哭不再是单纯的两种表情，就连赞美和批评都带着血和泪。

每一个人做一件事情都不可能毫无目的，总是会出于某种需求或者目的去做，当一个人需要某种东西的时候，要么单纯地去依靠自己的努力，要么不择手段，虽然现在不择手段也算是一种努力了。

公司新来的大学生似乎深谙为人处世之道。会用毫不掩饰的倾慕目光仰视风韵犹存的女主管，每天不动声色端上清早第一杯咖啡，帮她照料文件柜上绿叶纷披的蕨类盆栽，下雨问她是否带伞——虽然明知她的小房车天天停在地下车库，但女人谁不喜欢年轻男子在初秋微雨的傍晚问她是否带了伞？当他俯向她的办公桌帮她解决电脑难题时，他离她很近了，真的，太近了。好在他和同居女友租来的房子可以天天洗澡，阿迪达斯的香水不贵但很清新。

虽然说这种恭维很是让人赏心悦目而且无可挑剔，但是现实社会毕竟不是偶像剧，如果说以为讨好上司就能轻松上位，那么一切似乎都太简单了,而且女上司也看出来了他的这一切心计,她若以为这是狗血言情剧的开头那她开局就输了:他只是想升职罢了。

并不是说想要升职就是错的,或者说上面的大学生的做法就是错的,毕竟人际交往也是能力的一种表现,但是如果只是把人际交往作为自己升职或者前进的唯一办法,那么就是把这个社会想得太过简单了。

无论是社交还是工作,都是讲求一个人的个人能力的,也许大家不会因为你的无能而嫌弃你,但是大家绝对会因为你的投机取巧而远离你。同样,善于恭维别人、讲一些花言巧语的人,并不能体现什么,言语上的虚伪反而体现的是思想上和能力上的匮乏,因为大家总是喜欢扬长避短。

对于那些喜欢恭维的人,应该时刻保持一颗戒备的心,因为每一个简单的恭维都会有复杂的目的,甚至阴谋。并不是说要草木皆兵、战战兢兢地生活,但是至少在别人无缘无故地讨好你的时候,应该想到,自己不能被迷惑。

对于自己而言,一方面当然是要小心这样的人,同时也要做到自我反省,自己是不是有时候也是这样,是不是在用得到别人的时候就恭维别人,用不到别人的时候就对别人爱答不理。虽然说这是一个利益至上的社会,但是人情味多少还是有的,还是应该保有一颗赤诚之心。

别人怎么生活也许对自己而言无所谓,但是自己应该始终坚持自己的生活原则,有自己的生活方式和道德底线。

恭维背后有阴谋,就好像笑容之后有刀子一样,虽然说不可能做到事事都滴水不漏,但是应该当心的还是要当心,决不能在阴沟里翻船。小心那些花言巧语的人,做一个有自我坚持的人。

远离谈论隐私的人及各种话题

放纵自己的欲望是最大的祸害,谈论别人的隐私是最大的罪恶,不知自己的过失是最大的病痛。

隐私并不是现代人才独有的，从古至今，隐私便一直伴随着一个人的一生。隐私，顾名思义，隐蔽、不公开的私事。在汉语中，"隐"字的主要含义是隐避、隐藏，《荀子·王制》："故近者不隐其能，远者不疾其劳。"引申为不公开之意。"私"字的主要含义是个人的、自己的，秘密、不公开，《诗·小雅·大田》："雨我公田，遂及我私。"可见，隐私即指个人的不愿公开的私事或秘密。

既然隐私是个人的，隐蔽而又不愿公开的，那么，在对待隐私的问题上，无论是自己的还是别人的，至少应该做到两点，一是尊重，二是保密。尊重别人的隐私，就是对别人最基本的尊重，毕竟谁都不愿意赤裸裸地在众目睽睽之下生活。

而保密是一个人基本素质的体现，如果你不小心知道了别人的某些隐私，或者出于信任，他人告诉你了自己的一些隐私，那么，应该坚决保密，而不是像一个传话筒一样，唯恐天下不知，这既是对人的不尊重，也是自己素质低下的体现。

有些人喜欢嚼舌根，在背后对别人说三道四，有些是自己的无端妄想，有些是自己无意中的听闻，总之就是没有什么根据的闲言碎语。但是无论是真是假，都是对别人的不尊重，这样的人最容易招人厌恶。所以，自己要远离，而且坚决不能做这样的人。

隐私是个人的自然权利。从人类开始有思考之时起，隐私就伴随人而生，隐私感其实就是人类的羞耻感，某些自己不为人知的事情让自己产生了羞耻感，不愿意让别人知道，这就是最初的隐私，例如原始社会就懂得用树叶作为"遮羞布"。当人有了羞耻感，人也就脱离了动物界，成为独立的物种。

隐私是个人的主观意志，不依靠外界的界定或者配合协助，所以隐私的存在，是独立于社会之外，同时对于公众而言又是不可剥夺的。而且，一个人的隐私，即便是低俗的、违反法律的，也是可以照样存在的，但是是否公开、何时公开，也是由人自己决定的。

　　喜欢谈论别人隐私，是一种普遍的社会心理问题。首先，是倾诉的欲望。有的人知道了一个秘密之后，就会觉得不说出来憋得慌，于是就到处宣扬，是诉说的欲望，算是通过诉说隐私来释放压力。其次，满足自己的虚荣心。尤其是某些媒体、网站，通过爆料明星的隐私生活，吸引大众眼球，来获取经济利益。而普通大众往往喜欢通过谈论他人隐私，显示自己的能力和满足自己的虚荣心。

　　小赵的大学同学就是一个喜欢谈论别人隐私的人，学校里无论大事小情，甚至全国上下发生的事情，他都喜欢谈论。甚至在自习室里见过一面的人，过一会儿就能打听到他是哪个专业的、和谁谈过恋爱、和宿舍成员的关系等这些信息。

　　虽然表面上大家都叫他小记者，甚至说他不去当记者真是浪费了，但是实际上大家都不约而同地和他保持着距离，不敢和他多说话，甚至不敢多来往，谁也保不准自己的事情是不是已经传到别的陌生人的耳朵里，成为别人的笑话了。

　　喜欢谈论别人隐私的人是不可靠的人，不把别人的事情放在心上，认为别人的事情只是自己茶余饭后的谈资，殊不知，也许这件事情在对方眼里是十分重要的事情，甚至可能因为别人知道了而无地自容。

　　既然这种人今天可以对你说别人的隐私，那么他就敢明天在别人面前说你的坏话或者一些你自己都不知道的自己的"隐私"。所以对于这样的人必须保持距离，即便他只是找你谈论他自己的隐私，你也要避免发表自己的观点，敬而远之。谁也不知道他在别人面前会杜撰出什么。

　　隐私是每个人所不愿意示众的事情，而喜欢拿别人的隐私去示众的人，无异于犯罪。无论是出于保护自己的隐私的目的，还是尊重别人的隐私的目的，都应该远离那些谈论隐私的人和话题。

过分热情的人要小心

曾经有人说，"小心那些对你过分热情的人，他们以多快的速度接近你，也会以多快的速度远离你。你的感受如何，从不在他们的考虑范围内"。

其实这是一个很简单的道理，谁都知道天上不会无缘无故地掉馅儿饼，虽然还不至于到"无事献殷勤，非奸即盗"的地步，但是对于那些不劳而获的事情，还是应该谨慎小心。

当一个人面对一个从未谋面的陌生人的时候，通常都是保持谨慎礼貌的态度，很少会有那种一见面就勾肩搭背，即便是所谓的一见如故，也是在经过一些深入的谈话、相互交心之后才会有那样的感觉。

尤其是在进入社会之后，不能说完全都是利益至上吧，但是在做事情和人际交往方面，还是会把对自己有利的事情和人摆在第一位。这样一看，就会发现，那些对自己过分热情的人，自然会让人觉得似乎是对自己有所图谋，毕竟刚一见面就热情似火，不符合中国礼仪之邦的传统。

也许有人会觉得，如果一开始见面的陌生人对自己过于热情需要提防，那么如果认识了，熟悉了还是一如既往地对自己热情，对自己嘘寒问暖，那么这个人应该就是一个热心肠吧，就不需要过于提防了吧。

如果是抱着这样的心态，那么说实在的，在社会这条路上一定是走不远的。与人交往，即便是自己的亲朋好友，都应该适当地保持一定的距离，更何况是在进入社会之后。进入社会之后，有些人可能会成为你的人生导师之类的，对于这样的人，应该保持尊敬；有的人会成为你的贵人，关键时刻助你一臂之力，这样的人你应该感激；有的人会成为你的榜样，这样的人你应该学习。但是永远不会有一个人成

第十九章 隐性逻辑：如何避开社交中的人为"陷阱"

为对你亲密无间的人，即便是亲人之间，多少也会给对方留一些空间，留一些秘密。

甚至，热情就是麻醉药，将你的戒备之心一点一点消磨掉，然后危险就可以乘虚而入。

曾经有一种诈骗行为很常见，而且屡试不爽。就是在公交车上，经常有一些看上去挺热情的人会主动来跟你搭讪，好像聊得挺投缘的，然后趁你放松戒备的时候，就顺走了你的手机之类的东西。

周末的时候小李带着儿子坐公车去公园。车上人很多，小李抱着儿子坐着，有一位穿黄棉衣的高个女站在她的前面。一直和她套近乎，还逗她儿子玩，末了要求看她的金戒指，小李伸手给她看，她用手准备往下撸，小李把手指合住了，她没取下来，还问她大概值多少钱，这一片哪有卖金首饰的，她的手链就是千足金的，等等。后来看到小李不理她了，才悻悻地在下一站下车了。

从古至今，"生于忧患，死于安乐"，这样的事例就一直在警醒着我们，而且人总是容易吃软不吃硬，强迫你做的事情也许很难完成，但是一旦夸你两句，说几句甜言蜜语，你就心甘情愿地去做了。

这就好像面对一个热情的人一样，一个人经常对你关怀备至，那么当他要求你做一些事情的时候，即便是自己不方便或者不情愿，但是还是会去尽量完成。因为当别人对你热情的时候，自己心里就会产生一种亏欠心理，总是觉得别人对自己这么热情，自己也应该为别人做点什么。更何况，伸手不打笑脸人。

这样一来，这些人的目的就达到了。那么，这不就是一种类似于"道德绑架"的东西吗？一旦这样，自己就会陷入一个进退两难的境地。去做他们让自己做的事情，违背自己的原则，甚至可能给别人带来损失，但是不做的话，就是不近人情，枉费了别人对自己的一片热诚。而且在别人看来，拒绝就是自己不厚道。

所以，热情是一件好事，但是过分热情就应该注意。俗话说得好，真小人总比伪君子强,对于那些过分热情的人,应该适当地保持距离,更应该学会敢于拒绝,而不是做一个老好人。

莫要被人"蛊惑""挑唆"

经常会听到大家讨论,到底怎么样才算是真正地长大、真正地成熟呢?难道只是年龄上的简单叠加吗?显然不是。

其实判断一个人是否真正长大、成熟的标准有很多,例如责任心、敢于担当、稳重、做事不轻佻。但是无论是哪一个,作为一个独立的人而言,成熟的最基本的前提就是自己要有主见。

有自己的主见,才能算是一个独立的个体,因为有自己的主见,就代表你在思考,做出决定的时候,就代表你已经做好了承担责任的准备。而那些没有自己的思考、做事摇摆不定、容易听到别人的三言两语就立场不坚定的人,无论是做人还是做事,都是很难的。

一个没有自己的主见、立场不坚定、做事摇摆不定的人,很容易被别人利用,很容易被人蛊惑,挑拨。其实生活中这样的人和事情是很常见的,最明显的就是上学的时候拉帮结派。

其实所谓的蛊惑、挑拨,看起来是一个人没有主见,但是俗话说,一个巴掌拍不响,所以是两个人的事情。一方面你立场不坚定,别人三言两语就能让你改变立场;另一方面,也要提防在背后说别人坏话的小人,这样的人应该坚决保持距离。

豆豆今年已经15岁了,亲戚邻居都夸他是个乖巧、听话的好孩子。但豆豆的爸妈知道豆豆有一个最大的缺点,那就是太没有自己的主见了。在家里,爸妈让他做什么他就做什么,爸妈说怎么做对豆豆就按照爸爸妈妈说的去做,不去思考自己的喜好和愿不愿意。甚至在买东西上,也是爸妈买什么衣服就穿什么衣服,爸妈买什么玩具就玩什么玩具,爸妈说要跟谁家的孩子玩就跟谁家的孩子玩,一点没有自己的想法,即便是

第十九章 隐性逻辑：如何避开社交中的人为"陷阱"

跟别的小朋友一起，也是听别人的，跟别人跑。

通常来说，孩子在小的时候，应该都是特别调皮捣蛋，让家长哭笑不得、无计可施的，但是豆豆却像一个木偶一样，任凭爸妈摆布，这着实让豆豆的爸妈很是着急，小时候还好，但是长此以往，以后应该怎么面对纷繁复杂的社会呢？

豆豆的爸妈在向学校的老师请教的时候，也不禁向老师倾诉，应该怎么让孩子变得有自己的主见，学会独立思考呢？

然而事情难道就只是孩子自己的问题吗？如果从头开始看，就会发现，其实这里也有父母的责任，因为在豆豆小的时候，就经常有别人家的父母在豆豆父母面前说别人家的孩子多听话多懂事，说孩子听话才怎么怎么样，不听话的孩子怎么怎么样。于是豆豆的父母就严格地管豆豆的一切，用自己所谓的科学的方式养育孩子，结果就导致豆豆现在的样子。

所以，其实不仅是豆豆没有独立思考的能力，甚至他的父母也受到别人的挑唆，站错了立场，采取了错误的教育方式，最后导致自己的孩子缺乏独立思考的能力。

那么，对于那些喜欢在背后说别人坏话、挑拨别人的关系的人，以及缺乏主见的情况，应该采取什么样的措施呢？

首先，应该学会亲力亲为。也就是说，眼见为实，耳听为虚，有时候不仅要眼见，还要自己亲自去做一件事情或者去了解一个人，而不仅仅是听别人说，这样才能客观地去看待一件事情和一个人。

其次，对于那些小人，应该坚决远离，不给他们任何挑拨自己的机会，但是同时不能像他一样，在别人背后诋毁别人，所谓"路遥知马力，日久见人心"，纸是包不住火的。

最后，防人不如提高自己独立思考的能力，学会做事情有自己的主见。

谁都能判断出对方说的话是什么意思，但是只有少数人能采取正确的应对措施。当自己被别人挑唆的时候，首先应该想到的是自己可能被利用了，所以无论出于什么思考，自己都应该有自己的主见，不亲自去尝一尝巧克力，永远不知道它是什么滋味。

第二十章 销售投射法则

针对客户的心理特点投其所好

巧用最后通牒效应，让客户签单

心理学研究表明，人类都有一种拖延症，或者说是一种不见棺材不掉泪、不撞南墙不回头的心理。事情不到最后一刻，永远不会感到着急。在生意场上，有些人总是持观望的态度，隔岸观火，骑驴找马，迟迟不给对方准确的说法，让人很是烦闷。

对付这种情况，销售人员应该学会使用最后通牒效应。即设定最后期限，你的工作效率会因此大大提高。人们在面对一项工作或任务时，往往会拖来拖去，迟迟不肯动手，只有到了火烧眉毛、不能再拖的情况下，他才会动手去做。不到规定时间，绝不采取行动，这在心理学上就叫作"最后通牒效应"。

销售的完成，除了快消品以外，一般都不会是一锤子的买卖，因此当客户不必要立刻做出决定的时候，他们总是习惯于将事情往后推，拿"再看看"这类话来搪塞销售人员。这种行为习惯，非常不利于销售的达成。因为在商场上，风云变幻，商机随时可以变危机。这一刻你没有把握好，就很有可能被别人钻了空子。心理学指出，人在压力之下，往往会快速做出决定。因此，巧用这种心理，让客户早日签单。

高峰是中国北方一位著名的谈判专家，在担任北方某企业的业务代理期间，曾和南方的一家企业进行过一次谈判。

高峰代表公司前往广州，洽谈生意。刚下飞机，就看到对方公司的两位职员已在出口处迎接。两人热情地接过高峰的行李，满脸笑容地向高峰表示欢迎，又派来高级轿车送其前往五星级宾馆入住。

路上，其中一位职员询问高峰返程的机票是否已经订好，如果没有，他将全权负责。受到如此礼遇的高峰，很自然地从口袋中拿出回

第二十章 销售投射法则：针对客户的心理特点投其所好

程的机票，告知对方公司已经为自己买好了。对方看清了上面的返程日期。高峰万万没有想到，就是这样一个小动作，使自己在谈判中陷入了被动。

在知道了高峰的返程时间后，南方的公司在这五天的行程里，安排高峰前三天游览广州的名胜古迹，品尝南方的风味小吃，而对于谈判的内容则是只字不提。直到高峰马上就要离开的最后一天，谈判才正式开始。但是由于主题进入得太晚，最重要的问题还来不及深入探讨时，高峰就不得不登上返程的飞机。于是，最后只好匆匆签订了协议，当然，谈判的结果对于高峰一方非常不利。对方巧妙地利用最后期限的技巧，大获全胜。

对于一些不需要马上给出答复的事情，人们习惯于在最后期限即将到来时才去努力完成。这种习惯反映了人类拖拉的性格特点。心理学家曾经做过一个实验，让一群孩子自由读书，不规定时间限制，结果这些孩子用了十分钟才读完课文的第一段。第二次，规定孩子们必须在五分钟之内读完第一段文章，结果全部孩子都在五分钟之内完成任务。这个实验就充分证明了"最后通牒效应"对人心理的促进作用。

给客户下最后通牒，需要说的话语并不会太多，越是精练的话，就越能够展现一个销售人员的基本功。从实际出发，要求销售人员根据自身的目的、具体的情况，精准地找到适合应对各种客户的不同方法。最后通牒法的使用，并非鲁莽、破罐子破摔，而是要掌握精湛的技巧，在恰当的时机，针对适合的对象，方能起到最佳效果。

谈判桌上，要刚柔并济，有轻有重，不能一味忍让，无休止地满足对方的需要，这样只能增加其狂妄自大的心理，使其更不把你放在心上，销售任务更加难以完成。而当你强硬起来，不再给对方拖拉的时间和机会，给他下最后通牒，他也会感到惊慌害怕，甚至是敬畏，从而迅速做出决定，顺利签单。

适时让利，满足客户的占便宜心理

在中国最为普遍的现象恐怕就是请客和讲价了，特别是砍价，不管男女老幼，都大有市场。实际上，这种行为的背后是人都有喜欢占便宜的心理。虽然中国的儒家思想，倡导重义轻利，但是在市井生活之中却是义利并重。

销售，是在和客户就利益关系你争我夺，适时让利，让客户尝到便宜的甜味儿，那订单也就容易达成了。让利并非于己无利，人有贪小便宜的心理，所以，舍弃一点蝇头小利，满足对方的心理需求，从而获得长远利益或者更大收益，这才是高明的销售之道。

从心理学的角度来看，事物本身并没有意义，有意义的是人们对其的反应。销售也是同样的道理，顾客看重的并不是商品本身，而是在购买中能够得到什么样的满足。基本的需要是一方面，更深层次的心理满足更能够激发他们的购买欲。

在营销界流传这样一句话："客户要的不是便宜，而是要感到占了便宜。"当客户认为自己占了便宜时，他就会有充分的购买欲。这种客户占便宜心理被诸多商家利用，特别是在针对女性消费市场的商品上，无往不利。

玲玲在一家商场做女性服装导购员，一开始工作的时候，玲玲的销售业绩很不理想，她很着急，于是她耐心观察其他老员工是如何销售的。经过一段时间的观察，玲玲发现，这些女顾客特别喜欢砍价，还总是用不便宜就不买来要挟导购员，最后有经验的导购员总是一副很不情愿的样子将衣服卖给她，而实际上还是大有盈利空间。

掌握了顾客的这种心理，玲玲在接下来的销售中，有意无意之中会对顾客说："姐，我马上就要下班了，就不赚钱卖你了。""我这

第二十章 销售投射法则：针对客户的心理特点投其所好

可是清仓的价格给你。""今天你是第一单，我就便宜点卖给你吧。"当顾客听到玲玲这样说时，基本上都会笑得合不拢嘴地掏钱购买。玲玲就是利用顾客的爱占便宜心理，销售额一天天上升，最后还做到了店长。

客户并不会在商品的真实价钱上仔细研究，他们只是想买到比标价更加低廉的商品。走进超市，你会发现，最畅销的产品通常并不是那些知名度很高或者价格很低的商品，而是那些促销活动天天做、周周变的商品。促销的本质就是让顾客有一种占便宜的心理，让他们感觉得到了实惠，他们自然就会愿意掏腰包了。

贪图便宜是每一个人都会有的心理，物美价廉是大多数客户追求的最高目标。占便宜是一种心理满足，销售人员应该认清这种现实，用价格的差异来吸引客户。优惠是推动销售最有效的方法，用小利益换取大客户，始终是更加赚钱的买卖。

占便宜心理是人的正常心理，从销售者的角度分析，是鼓励正确利用人的此种心理，把自己的商品卖出去。利用和正确利用之间涉及的是伦理问题，虽然占便宜是人性弱点，但是销售者也要掌握好二者的平衡。

让利促销最显著的例子就在我们日常生活中看见的各种9元9店铺中，有些商家所卖商品和其他人并无太大不同，但是无论卖什么，他都定价比竞争对手少一点，哪怕就是少一毛钱，都会为其吸引来更多的顾客。在结账的时候，明明是2元2，他却说给2元就好，就是这让出去的两毛钱，让其收获了顾客的信任，薄利多销，使得自己的生意越来越红火。

让利销售，通过减少产品销售利润，从而使顾客从购买本企业产品中得到更多的实惠，听起来是损害了商家的利益，可是销售的方式有很多种，不一定高价才能做成买卖。让利而多销，同样能够增加利润。人的心理十分复杂，销售之法要能够根据人的不同心理需求做出相应的调整。

站在客户的角度展开说服

营销学上常讲的一句话就是"顾客就是上帝",此话的含义即为客户着想,为客户提供满意的产品和服务。这里面涉及的就是换位思考的心理学道理。

换位思考,是设身处地地为他人着想,理解至上的一种处理人际关系的思考方式。学会换位思考是人与人之间交往的基础,相互宽容、理解,多去站在他人角度上考虑问题,会在对方的心理上产生温暖的效应。

人都渴望得到他人的关怀,并且会对这样的关心给予感激与回报。换位思考是融洽人与人之间关系的润滑剂,当销售人员和消费者陷入尴尬甚至对立的状态时,如果销售者能够及时换位思考,为客户利益着想,那么就会最快地拉近彼此的距离,提高谈判的成功率。

刘萌萌是一名房产置业顾问,每天都要接触各种各样的购房者,他们或者挑剔,或者难缠,痛痛快快买房子的人基本不存在。这对于刘萌萌来说,在心理和体力上都是一个考验。但是她都能够应对自如,这其中的法宝就在于她总是会从客户的角度考虑问题,因此大家都很喜欢她,愿意接受她。

刘萌萌总结自己的工作经验说:"接待不同的客户,自然要选择不同的沟通方式。当遇到双方协商不一致的问题时,我就会站在对方的利益角度上,处处为客户着想,让他们体会到我的关心,最后让他们愉快地购买房子。"

在卖房的时候,经常会遇到客户嫌弃房子的采光、隔音、户型等问题,有些销售人员就会不耐烦,认为这是客户在刁难自己。而刘萌萌却不这样认为,她觉得只有真正想买房的人才会有诸多挑剔。换位思考,

第二十章 销售投射法则：针对客户的心理特点投其所好

将这些不足之处一一解释给对方听，就会赢得他们的好感。消除了疑虑，消费者自然就会购买。

人都希望被关心，被理解。心理学家认为，人有安全的需要、爱的需要和被尊重的需要。在销售中，如果能够满足客户的这些需要，就会赢得他们的信任，销售就会容易达成。站在客户的角度思考问题，你也会释怀许多，也就不会埋怨客户的诸多要求。销售不是单纯的买与卖，而是要通过一定的交往技巧，达成和客户的友好关系，形成长远的合作。

如何站在客户的角度思考问题，进行说服？可以借鉴美国学者劳朋特教授提出的4C理论，即消费者的需求和欲望（consumerwants），消费者愿意付出的成本（cost），购买商品的便利（conwenience），沟通（communication）。

营销的第一步就是要知道客户的需要和欲望，如何知道？可以对潜在客户进行市场调查，找到有需求的对象。对于客户想要诉说的，一定要让他们统统说完，你要做的就是仔细聆听，找到症结，对症下药。没有人会拒绝帮助他解决烦恼的人。

和客户谈价格，要有基础，需要察言观色，反复试探客户。咬定价格的时候，就要有不是这个价格就不成交的魄力。当价格可以有弹性变化的时候，也要学会适度地让，给客户一些甜头。

如何满足客户对便利性的要求？要学会换位思考，设身处地地为其着想，更多地从人性化服务出发，这可以说是在打感情牌。

最后是沟通，特别是当订单完成之后，依然要注意沟通的重要性，因为一锤子的买卖不是我们的目的，培养一个持久的顾客才是目标。数据显示，维护一个老客户比开发新客户的成本低百分之八十。因此，做好客户维护并保持良性沟通，就能节约开支。

顾客是上帝，如何站在上帝的角度考虑问题，需要学会倾听客户的声音，及时与其沟通，了解他们的需要，照顾他们的感受，遇到问题要及时跟进。如果在这个过程中，你首先感到不耐烦，那么客户必然也能第一时间感受到，合作就很难达成。客户需要的不是最贵的，也不是最好的，而是最适合他的产品和服务，只有真正站在他们的立场上，才能准确地为他们介绍合适的产品，成交的概率才能更高。

巧用"沉默"给对手施压

谈判是要用语言来进行交锋，虽然在这个过程中声音无处不在。然而，回想一下，在谈判的时候，你最害怕的是对手滔滔不绝、慷慨陈词吗？不是的，你最担心的应该是对方沉默不语，让你摸不着头脑。

太多的话语不如无言，太多的诡辩不如沉默。沉默，虽然无声，却能够制造出一种神秘的气氛，是一股强大的力量。鲁迅说："不在沉默中爆发，就在沉默中灭亡。"因此，沉默的使用也是有技巧的，不能让人觉得你是无知所以无言，而是要让对方知道，你有更深层次的考虑。

沉默寡言策略是谈判中最有效的防御策略之一，不首先开口，就静静地看对方怎么说，然后找到对手的破绽，自己的底牌不让对方看到，慌乱之下，对方就只能顺着你的意愿了。谈判中说得越多，可能暴露的底细就越多，从而使自己陷入被动境地。对手的沉默也会给自己造成紧张的心理。

老王经营的一家纺织厂因经营不善而不得不关门大吉，他想要处理掉工厂里的这批旧机器，心中盘算着售价不能低于30万。

销售信息发布出去之后，不久便有人来咨询。在谈判的时候，买家到车间检查了机器，摇摇头，指出机器的种种不足和缺点，一副很不买账的样子，一直在那里喋喋不休地说来说去。老王则一直保持沉默，一言不发，只是静静地站在旁边听对方的抱怨。

其实，老王心里明白得很，对方越是挑毛病，就越说明他想要购买，他这只不过是在鸡蛋里挑骨头，想要杀价。机器大概值多少钱，损耗到什么程度，老王心里是有数的，所以，他就听对方口若悬河般讲个不停。

半个小时过后，买主也说得口干舌燥了，他看老王丝毫没有让价的态度，就像泄了气的皮球，最后突然抛出一句："我最多就给你40万，行的话，我明天就来拉走，不行我也就不要了。"老王自然是答应了这笔买卖，老王的沉默为自己多赚了10万元。

长时间的沉默，会给人造成很大的心理压力，心理学研究发现，人性中排斥黑暗与沉默，向往光明和热闹。行走于社会中，很多时候都会与人有不同见解，沉默不代表没有观点，反而是一种宣示主权的行为，让自己处于主动地位。

现代心理学研究表明，双方在交往过程中，特别是在谈判场上，如果站在有利地位的人沉默不言，让对手唱独角戏，那么对手就会在猜不透对方想法时自乱阵脚，惊慌失措下最后只能被另一方的沉默所慑服。

我国台湾地区的星云大师曾经说过："不想说话时，就不说吧。在多说无益的时候，也许沉默就是最好的解释。"谈判讲究的是利益，要在有限的时间内解决双方的问题，获得最大的利益，说话占用过多时间其实是一种浪费。

很多人对于谈判有一种误区，认为好的谈判专家就是口才极佳，能言善辩，最好能在谈判桌上说得对方哑口无言，一句话都插不上。但是这并不能说明这是一场成功的谈判，多说话不一定就是好口才，以理服人才更有力量。

沉默不仅能够迫使对方让步，还能最大限度地掩盖自己的底牌。在没有搞清对手的意图时，最好不要透露太多自己的信息。沉默意味着不确定性，人类最讨厌不确定的东西。沉默让交流中断，随后便是无所适从的茫然与不安，所以沉默可以作为一种极具杀伤力的武器来攻击对手，这实际上就是兵书上讲的以退为进。

一眼找出谈判里的"关键人物"

谈判在我们的生活中无处不在,并非只有国家与国家之间、企业与企业之间才有谈判的可能,个人与个人在生活的各个方面都有谈判的机会。随着社会的进步,人与人之间的交流越来越频繁,需要处理的社会关系也越来越多,越来越复杂。

社交关系中,不会总是友好和谐,也会出现摩擦冲突,暴力解决是一种方法,但是我们在和平年代,文明社会中,更倾向于通过谈判的方式,解决问题,改善关系。人们坐在一起进行谈判,更多的是为了满足各自的需求。谈判桌上可能坐着许多人,但是要学会找准那个关键人物。

俗话说,"射人先射马,擒贼先擒王",说的就是这个道理。谈判通常情况下,都不会只涉及一个人对另一个人这么简单,经常是一个团队对另一个团队。任何一个谈判队伍都有它的领头人、核心领导、关键人物,此人对整个团队的方向、决策起着至关重要的作用。

特别是在商业谈判中,销售人员最重要的就是快速判断出谁才是那个做主的人,找到关键人物,你才能集中精力和智慧想出合适的策略。我们没有那么多的时间和精力可以浪费,最高效的做法就是直达靶心。

小刘和小张同是一家医疗器材销售公司的推销员,在一次公司召开的新品展销会上,来了很多新老客户。主管要求小刘和小张向客户们介绍新产品,争取拿下订单。

小刘跟着一行五人的客户团,他心里有些着急,这么多人,难道我要一个一个分别跟他们介绍产品?这五个人东瞅瞅,西望望,小刘也不能命令他们聚集在一起听他讲话。所以他只好一个一个击破。但是对方在听完小刘滔滔不绝的介绍后,只是淡淡地笑了笑说:"我先看看。"

与此同时,小张则显得不慌不忙,同样是接待五六个客户,但是小张很镇静,也没有急着向客户推销,而是先观察。小张明白,购买医疗器材的客户毕竟是少数。大多数人都是背着手,走走看看,突然,小张发现一个五十岁左右的男人正一边看产品一边用笔记着什么。经验告诉他,这才是真正的客户。

于是小张前去打招呼,询问对方还有什么不明白的地方,果然对方很有兴趣对产品进行进一步了解。在经过深入的交谈后,小张发现原来这个男人是某家私立医院的外科主任,此次前来正是要购买一批器材。最终小张成功地拿下了这笔订单。

虽然小张这一个下午只接待了一位客户,但是命中率却是百分之百。这就是谈判找准关键人物的重要意义。谈判通常没有给你留有太多的时间,因此你不应该把时间浪费在无用的人身上。要想做到有的放矢地谈判,找准关键人物,则需要做一番准备工作。

俗话说,"知己知彼,百战不殆",因此,谈判前有必要了解客户的相关资料。现在大多数企业、团队都会向外公开自己的一些信息,或者你可以直接到他们的官网上搜索,还可以浏览他们的企业内刊、内部资料等来更多地了解对方。

再有,你也可以通过主动打电话、上门拜访的方式寻找线索,当然这个方法需要你注意措辞和尺度,毕竟不请自来是不太讨喜的行为。

在谈判过程中,要学会察言观色,通常关键人物都是最为淡定,并且是沉默寡言的那一个。他仿佛是一个局外人,在审视着你和他的下属之间的谈判。或许就是一个耳语的动作,你就能判断出他在下达命令,因此他就是那个领头人。

谈判实际上就是一场心理战,对方的关键人物可能故意躲在暗处,观察一切以便更好地指挥团队。而如果你能够直接找到他,直接与他交流,那就会使他的心理防线松懈,也会让他对你刮目相看。人与人之间是有差别的,关键人物的特征一定会体现在衣着、谈吐、神态和眼神上,多用心留意这些,你的谈判效率则会更高。

第二十一章

职场博弈法则
没点心计,你靠什么生存

赞美是职场上的最好社交工具

俗话说得好，良言一句胜过三冬送暖。虽然刻意地赞美领导会有阿谀奉承的嫌疑，但是在和领导交流的过程中，能够恰到好处地说上几句赞美领导的话，对于你和领导之间的关系能起到积极的作用，能让上下级关系更加融洽。

在职场中，作为一个下属，会和领导说话与不会和领导说话有很大的区别，这些区别直接体现在了上下级关系上。身为下属，为了能够在平时的工作中更加顺畅，能够得到领导更多的帮助，让团队可以更加团结、发挥更大的力量，我们应该学会说一些让领导更容易接受的话，而赞美无疑是每个人都最容易接受的。

和领导营造一种融洽的工作氛围，可以让工作任务和目标向着预期的方向顺利进行。就比如，当领导因为紧张的工作连续加班从而感叹岁月不饶人的时候，作为下属的你如果可以附和一句"老当益壮"，既能让领导开心，还可以为自己赢得良好的情绪反馈。那么这种程度的赞美，何乐而不为呢？

孙晓萌是领导的秘书，有一天在快下班的时候，领导打来电话说："下班后陪我逛一下商场。"虽然电话中领导的语气很温和，但是还是夹带了一些命令。作为领导的秘书，孙晓萌当然立刻答应。

下班后，她和领导一起走进电梯，发现领导今天穿了一件非常好看的短款外套，搭配着一条百褶裙，加上手上精致的包，她不禁说："您今天真好看！"领导之前还在因为工作上的事情而皱眉，听到孙晓萌的话之后马上喜笑颜开:"哪儿啊,都是以前买的,没怎么穿过,你觉得这样穿行吗?"

孙晓萌兴奋地说:"太行了,干吗不早穿呀,到现在才让我一饱眼福……"

领导的心情变得更好了,完全将工作上的烦心事扔在一边,专心地逛商场。等买完东西从商场出来之后,孙晓萌和领导可能逛街逛累了,都有些沉默。但是孙晓萌并不想让这种沉默持续下去,于是她就继续赞美领导:"瞧您这身段,小姑娘似的,哪像这岁数的人啊!"领导一听,疲惫的脸立马变得容光焕发。

从此,领导就更加喜欢和信任孙晓萌了。

虽然人人都懂得"良药苦口利于病"的道理,但是生活中却很少有人能够真正地做到将批评欣然接受。虽然有的时候赞美并非是由衷的,但是大部分人还是非常乐意听的,面对刻意的赞美依然自我陶醉。

有一种理论叫作"人人需要肯定",这是社会学中的知识,这表明人们对于赞美的需求只是程度不同而已,这就是好话谁都爱听的原因。领导也不例外,只不过作为下属要采取一些委婉的方法,领导比较在意自己的权威,很多时候并不能直接面对下属的改善建议。

但是如果下属可以将建议包裹上一层对领导成就赞美的外衣,就很有可能因为满足了领导的成就感而激发他对于目标的追逐。同时,还会让领导对你有更多的好感和信任。赞美对于每一个人来说都是阳光,只要善于赞美,它就会为你赢得广泛的人际关系。

上下级相处想要融洽,就离不开平时交谈中带上几分赞美,赞美领导,不妨参考以下两点。

第一,留心观察领导日常工作的业绩,在不经意当中当着领导的面提起这些业绩,领导就会沉浸在自己曾经的成就中,并且还会对你这个"念他好"的人多一份关注，甚至是信任。

第二，巧妙地借用其他人的赞美来表达你对领导的敬意。这是一种更加巧妙的恭维，相比你的赞美，他人的称赞要比你一个人的赞美来得更加有分量。你并不需要担心这样做别人会抢了你的口彩，有智慧的领导会对你这个"传达者"更加感激。

如果想要在职场中出人头地，赢得领导的青睐和同事的友谊，赞美领导和同事是最有效果的办法，而且也是成为一个受欢迎的人的必备手段。赞美是建立良好人际关系的基石，更是事业成功的良性催化剂。

千万不要与上司抢功劳

有句古话叫"上不与下争利，下不与上争名"。这句话的意思是领导不能侵犯下属的利益，而下属不能和领导抢名声。这句话听起来好像很不合理，很多人没有经历过领导的"让"利，却都有被领导抢功劳的经历。

但是，功劳或者名声被领导抢走一定就是坏事吗？其实不然，领导也想晋升，而且相对于既得利益，领导更加看重好名声或者功劳，因为晋升之后领导可以获得更多的利益。因此不急于一时的利益之争的领导，肯定会把目光放在功劳上。

即使领导是一个不懂付出的人，作为下属，与领导抢功劳，先不谈能不能抢得赢，就算你占据了一时的上风，成功将功劳归于自己名下，在之后的工作中，有一个对你心有芥蒂甚至故意刁难的领导，坏处自然也是可以想象得到的。

有一个公司的主管，能力很强，但是生性好斗，从来不把领导放在眼中。他曾经跟过好几个高管，但是和每一个高管最后都相处得非常不愉快。他从不把该属于自己的功劳分给领导一丝一毫，哪怕在工作汇报中也会把领导择得干干净净，认为全部成绩都是他自己的功劳。

正因如此，虽然他的功劳很多，在公司也待了很多年，但是只晋升过一次。他平时树敌太多，而且他不好惹的名声传得很广，得罪过的领导大多再次晋升，所以哪一个高管都不肯重用他。不论他的业绩多么好，公司高层只给他加薪，绝口不提晋升的事情。

这个主管有一个助理，和他性格很像，能力同样十分出色。助理跟了他两年，因为主管一直没有晋升，助理也没有升职的机会。主管为了稳住助理，许诺他：只要他升了经理，立马把他的助理提升为主管。

结果到了公司职务调整时，很多主管都晋升了，这位主管依然原地踏步，坐冷板凳。灰心的助理就和部门经理联合起来，展开了一场下属和领导之间的争斗，而且越来越激烈。

最后该主管利用职务之便，将助理赶到部门另外一位女主管手下当助理。由于那位女主管也非常精明，见这个助理手段太辣，也处处压制他。被逼无奈下，那位助理只好辞职。

和领导之间的斗争，不论斗争点是什么，下属永远是输的一方。因为领导和你完全在不对等的位置上，他可以利用权力压制你，给你各种小鞋穿，或者把你打入冷宫，将你的工作安排给别人做。在没有工作可做、没有表现机会，又被上司压制的情况下，很多人走投无路，最后只得选择辞职。

可能你的能力非常强，在和领导的争斗中胜出，将功劳牢牢地把握在自己手中。但是这样你会输得更惨，因为你在公司中的名声会变坏，一个和领导抢功劳还抢赢了的人，还有哪个领导敢用你？

优秀的领导，会在将本来应该属于下属的功劳归于自己名下之后，给下属相应的补偿。就算没有实质的补偿，也会在日后的工作中有着一定的亏欠感。作为下属，有一个对你抱有亏欠感的领导，好处自然不用多言。

为什么不和领导抢功劳？有三点原因：

第一，虽然功劳是领导的，自己没有名分，却有可能获得实质的收获，比如：奖金、培训等多种形式的补偿，这也是一个自我升值的机会。

第二，你的业绩优秀，领导赏识你，虽然功劳没有给你，但是领导的赏识是实实在在的，而且领导有了业绩支撑，受到上一级领导赏识的可能性就会增加，这种赏识最终还是会作用到你的身上，这对你都有促进作用。

第三，你认为是一个好创意，但有可能上一级的领导不认同，甚至反遭奚落。所以，实际上顶头上司是担有"替罪羊"的风险的。

与领导相斗，输的永远是你，因为你们处在完全不对等的地位上。上司与职位最近的下属之间的确会有矛盾，但并非不可调和。任何组织的架构都是金字塔形状，越往高层，职位越少，只有你的领导晋升了，你才有机会。

发表不同意见最好用建议式

公司召开会议讨论有关经营方针或者其他重要事项的时候，如果下属直接提出自己的意见，往往会遭到领导的猛烈反击。因为在重要会议的时候，下属毫不顾忌地侃侃而谈，领导往往会觉得很没有面子，因而会产生反感，认为这个下属是一个骄傲自大的人。

因此，想提出自己不同意见的时候，不如委婉一些，采用建议或者请教的方式。例如："关于这一点，我有一点小建议，不知道对不对。"或者"关于这一点，我有一点疑问，能否给我指点一下？"

这样一来，不仅能保住领导的面子，还能让领导产生优越感。在消除领导的敌意之后，你再提出自己意见的时候，领导一般就会注意倾听。

当下属有不同意见，想让领导接受的时候，不仅仅取决于意见内容本身的正确性和合理性，很多时候还取决于不同意见的提出方式。如果采用建议的方式提出，就要时刻注意领导的心理感受和心理变化，要保证在提出建议的时候可以获得领导的心理认同。

一个公司新上任了一个经理，经理在开第一次会的时候很诚恳地让大家要多给自己提"建议"，并且欢迎指正缺点。当时大家都不熟悉，所以并没有人说话。

等到第二次会议的时候，经理再次说起了让大家多提"建议"的话，态度更加诚恳。刚刚入职的王华正是"初生牛犊不怕虎"的时候，便起身提了一些工作上的建议，经理当场表示赞许。

在王华带头之后，又有几位同事发言，给经理提建议。从那以后，王华不放过任何一次提建议的机会，甚至还对经理的个人言行提出了很多诚恳的建议，经理每一次都表示赞许。

就在大家都认为王华要升官的时候，王华却被调走了，从此他失去了向经理提建议的机会。

而一个叫刘强的同事的做法和王华完全不同。虽然刘强也对经理的一些做法颇为不满，但是他发现每次有人提建议的时候，经理都会有一种得意的喜悦。所以刘强每次在大家都在向经理提建议的时候，会先肯定经理的做法，并且大加赞扬，之后才会提出一些问题请教经理，并且指出某些方面换一种方法可以做得更好。

经理对于刘强的意见每一次都是欣然接受，几个月后，因为"公司需要学习型人才"，刘强被提拔成了经理助理。

采用建议的方式提出不同的意见，除了可使领导聆听自己的意见之外，还具有另一项优点，那就是不论自己的意见是优是劣，总会留给领导"这个人对公司很尽心"的印象，从而对自己的能力更加注意。建议，是一种低姿态。它的潜在含义是，尊重领导的权威，承认领导的优越性。

作为下属，在说出自己意见之前，先请教一下领导是非常必要的。请教领导其实就是在寻找谈话的共同点和切入点，提前建立彼此兼容的心理基础。如果你提出的是补充性建议，那么就必须要从领导的大框架开始，委婉提出你的修正意见，做一些局部性的改动或者枝节性的补充。进一步让领导的计划完善，让方案更有说服力，能够更有效地执行。

如果你的意见是反对性的意见，那么你就更加需要这种前期铺垫，找到共同点来减轻领导对你反对意见的敌意，获得领导的心理认同。要时刻谨记，你虽然不赞成领导的观点或者方案，但是一定要尊重领导，表明你只是对观点或者方案本身的理性思考。只要你的意见有理有据，并且表达方式合理，领导一定愿意倾听你的建议和看法。

给领导提意见，是需要说话技巧的。与领导打交道的时候，在最重要的问题上，要努力向他提供多种可行的解决方案以供其选择，而不是只提出一个行动方案。在列出每个可行方案时，要认真地写下它们所有的优点和缺点。

多请教领导，容易被器重

在职场中，很多人对领导有一种莫名的恐惧，不愿意和领导沟通和交流，甚至连汇报工作都懒得去，觉得和领导面对面是一件很痛苦的事情。即便是去找领导，也是战战兢兢不敢和领导对视，汇报工作也是速战速决，希望尽快逃离领导的办公室。

其实这种想法非常错误，因为你不知道领导最想听到什么，最想了解什么。作为一个领导,他们最想知道和了解的事情就是你对工作内容的反馈,对于工作进程的报告和结果的总结。没有哪一个领导会拒绝了解下属的工作进度。

如果你可以及时地汇报工作的进度,或者把你发现的问题第一时间反映给领导,那么领导对你的印象就会比别人更深刻一点,这对于在领导管理下的你是个好事。而且,及时地汇报工作或者问题,还可以让领导及时发现问题并且进行调整,可以避免公司承受更大的损失,所以工作汇报对于你和公司来说都是一件非常有意义的事情。

在职场里,领导如果可以及时了解你的工作进度,他会觉得你是一个非常重视工作的员工,也觉得你很重视他。这样一来,他对你的关注度就会提升,并且会给予你一定的信任和支持。所以,向领导及时汇报工作是在为你的未来而做铺垫。

如果你单纯的是因为懒惰或者害怕而不愿意汇报工作,那么你注定不会被领导重视,那么升职加薪自然也没有你的事。试想一下,一个连工作汇报都不做的人,领导不可能对你有印象,如果他不知道你的存在,不知道你在工作中的努力,那么就等于你的努力全都白费了。

有一个公司新招了一批员工,经理给每一个人发了一个笔记本。按照公司规定,新员工每周都要汇报一次工作,每周五要写工作总结,上交给主管。几乎所有的新员工都对此表示不屑,唯有小张欣然以对。

她每天下班之前都会把一天的工作总结一下,像小学生写日记一样认真地把每件事情记录下来,每周五下午还会写周总结,及时汇报自己的工作进度和心得,以及在工作中发现的新问题并且提出自己的建议。

其他同事都在笑话她,认为她在做无用功。小张一开始的时候是出于规章制度才写总结,但是时间久了,她从中获得了很多的好处,她的工作变得很有计划性,每天的工作都可以当日完成,而且经理也会经常找她谈话，对她工作汇报中的一些建议很是赞同。

所以，想让领导欣赏你，喜欢你，那么首先要让领导看到你，而汇报工作则是让领导看到你的最佳方式。那么在汇报工作的时候要注意什么呢？

首先，领导交给你的任务，你需要按照两个周期进行汇报，一个是按照时间周期，比如三天一汇报或者一周一汇报，如果项目规模比较大，也可以半月或者一个月一汇报。二是按照项目完成周期，比如完成三分之一或者一半的时候进行汇报，或者在项目关键点的时候进行汇报。

其次，不要以为什么困难都能自己解决而不给领导找麻烦，领导就是欣赏你。更多的时候领导只会忽视你，因为没有你的汇报他根本不了解工作的难度。最好的办法就是遇到问题的时候，先带着解决方案去找领导，让他也为你的困难而感到头疼的时候再告诉他你的解决方案，然后让你和领导一起分析最后敲定解决办法。

最后，工作完成之后，不论结果好坏都要第一时间向领导汇报，并且谈一谈你对结果的思考。能够让领导在你得到结果的第一时间听到你的工作汇报，能够体现你对领导的忠诚，对结果的思考能够体现你对工作的认真。

在职场中，你要把工作进展和状况及时反馈给你的上司，让他对你的工作有一定的了解。这样不仅可以促进你的工作，还能赢得上司的好感。因为任何一个领导最希望听到的就是下属的及时汇报和反馈。

太强势的人很难搞好同事关系

在职场中，每个人都希望可以得到别人的认可，人人都在维护自己的形象和尊严。如果这时候突然有一个人的谈话过分显出高人一等的优越感,那么无形之中是对职场中其他人的自尊和自信的一种挑战和轻视,那么排斥心理就会自然而然产生。

但是不少职场人士都有这种不好的习惯,就是显出高人一等的优越感,这也是他们难以获得同事好感的重要原因。

几乎每一个办公室里都会有这样的人:如果家里有钱的会频繁地说今天吃的什么、逛了什么商场、买了什么东西等让他得意的事情;如果家里有权就会反复地说我爸怎样怎样了,我叔叔怎样怎样了;如果在单位深得领导赏识,就总在同事面前夸耀:某某领导对我说了什么,某某领导又许诺我什么。

这些人有一个通病,那就是处处表现自己,像一只张扬的孔雀处处显示自己的优越感。其实过分高看自己、小看别人只会引起别人的反感,让人敬而远之。人性的一大弱点就是争强好胜,人们面对比自己优秀的人,会增加心中的挫败感,进而会产生反感。

如果一个人在职场中,不善于隐藏自己的锋芒,不懂得处处谦虚,只能招来无尽的嫉妒和猜测:"你这么厉害,一个人就能干好,那还要我们干什么?"

一个优秀的技术工程师被高薪聘请到一家IT公司上班,老板除了给他足够高的薪酬,还专门给他租了一套条件不错的住房。不过老板告诉他,为了避免其他同事心理不平衡,这一切都是保密的。

这名工程师能力出众,不仅有善于创新的头脑,而且还有丰富的从业经验。除了高待遇之外,他还享有一些特权:开会的时候和老板平起平坐,每次有新项目的时候,就算不由他负责,老板也经常询问他的想法。

久而久之,在其他同事羡慕的眼光中,工程师产生了非常强的优越感。由于虚荣心作怪,他把他的特殊待遇告诉了与他关系最好的同事,他十分满足于同事惊讶的表情,这种满足感促使他又将这个秘密告诉了更多的同事。

  但是他发现，同事们渐渐开始疏远他，而且对于他下达的工作安排也不像之前那样积极配合了。他觉得同事们可能在嫉妒自己，并没有将此事放在心上。他没有想到的是，公司另外两位元老骨干跑到老板那儿，以他的待遇作为标准向老板提要求。老板左右为难，为了不得罪公司其他人，只好解雇了他。

  在职场中，这样的故事非常常见，它时时刻刻在提醒着每一个职场人：把自己内心的狂妄清除出去，不要在办公室中炫耀自己。如果你的专业技术过硬，领导十分赏识你，你也不要得意忘形，反而要更加谨慎小心。

  在和同事交谈的时候，你不仅不能表现出你的优越，还应该主动创造机会，让他们表现得比你优越，这样一来，你很快就会获得同事的好感和支持，避免一些不必要的麻烦。那么，如何在交谈中让同事表现得比你优越呢？

  第一，你可以主动引导同事说说他自己的成就，这是最有效的办法之一。而对你自己的事情，尽量保持沉默。这样一来，你会发现，在你们交谈的过程中，同事会眉飞色舞地谈及自己值得骄傲的事情，并且会对你产生好感。

  第二，可以在交谈的时候故意显露出自己笨拙的一面，这也是让对方产生优越感的有效办法。有的人思维敏捷，口齿伶俐，但是每当他说话的时候就会让人感到反感，因为他太过自以为是，喜欢争论，这样的人是不可能获得同事的好感的。你要让自己显得笨拙一些，给别人更多的表现机会，那样人家自然就会高兴了。

  总之，和同事在一起的时候，要清理内心的狂妄，不要太强势，对自己的成就轻描淡写，让别人有更多的机会表现自己。如果你能做到这些，你就能赢得更多的好感，就能成为办公室里最受欢迎的人。

第二十一章　职场博弈法则：没点心计，你靠什么生存

为下属担责任，轻松赢人心

人无完人，谁都会犯错，领导如此，下属也是如此。但是有些领导眼睛里容不得沙子，觉得你既然拿了工资，就要做好事情，不容许一切错误的存在，否则立刻走人。想要辩解，领导告诉你，做事犯错误，就是没有责任心的表现。

其实身为领导，偶尔容许下属犯错误，如果替他们承担错误的后果，你的宽容不会纵容他们，反而会激发他们的潜能。但是你的责备和抱怨只会让他们更加局促不安，很有可能错上加错，这样一来下属做事的时候就会束手束脚，第一反应不是如何更好地完成任务而是如何不犯错，不敢发挥主观能动性了。

基辛格不是明星，但是风头一度胜过明星，他在美国外交史上留下了非常浓重的一笔，无论走到哪里都会受到年轻人的追捧，很多人视他为偶像。

基辛格能如此受欢迎，和他巨大的人格魅力有着密不可分的关系。一个曾在他手下工作过的人这样评价他："他为人非常和蔼，从来不会轻易发怒，即便是下属犯了很大的错误时，他也总会给出合理的引导，让他们从失败的阴影中走出来。"

基辛格在担任美国国务卿期间，日程安排十分紧密，可谓日理万机，生活和工作的节奏十分紧张。自然他的秘书也是非常辛苦，除了吃饭的时间，总要一大早就起来一直忙碌到深夜。

有一次，基辛格让秘书下班之前要准备好第二天的会议报告，并且在开会之前交给他。那时秘书早已疲惫不堪，将他的交代忘得一干二净。

到了第二天要开会的时候，基辛格向秘书要会议报告，秘书才发现自己的失误。

那是一个非常重要的会议，秘书的失误可谓十分严重。秘书低头不敢看基辛格，心想："这次祸闯大了，自己一定会被开除的，最轻也会受到严厉的处分。"当基辛格开完会回到办公室时，这位秘书羞愧地递上了辞职书。

出乎所有人意料的是，基辛格并没有发怒，而是有些吃惊地说："不要一犯错误就想到辞职，人都会犯错的嘛，如果人人都和你一样，那不如待在家里算了。"

他当着秘书的面将秘书的辞职申请扔进了垃圾桶，说："我允许我的部下犯错误，但是要从中吸取教训，同样的错误不能犯两次。"

这句话影响了这个秘书的一生。

不要要求你的下属完美无缺，因为首先你不是一个完美无缺的上司。适当地允许下属犯错，不要急于去责备，让他们自己发现错误并加以改正，往往比你指出错误让下属去改正效果更好。与其盯住他们的小毛病，不如帮他们总结经验教训，避免下次犯错。

如果你是中层领导，那么就必须要学会忍耐。不只是对上司的忍耐，更是对下属的忍耐。中层领导者在一次次忍耐中获得上司的认同，在一次次忍耐中取得下属的信任。忍耐是给自己创造机会，忍耐是给自己留下重整旗鼓的时间。

如果下属犯错，你就严厉地责备，只会让他更加紧张反而容易再次出错。上司有时候对于下属的错误的宽容，反而是一种更加有力的教导，当你不再揪着下属犯错的小辫子不放时，他会心存感激地改正自己的错误。

在职场中，有时候对于员工的管理往往比斥责更有效，人非圣贤，孰能无过。对于下属的表现不但要适时地给予赞美，对于下属的工作困难也要及时地了解，帮忙打气；鼓励下属竞聘，鼓励下属大胆尝试，给下属一个充分展示自己才能的平台。

管理者需要学会利用感情投资，通过感情投资得到下属的心，你的小细节就可能换来下属的感恩戴德，让下属打心眼儿里喜欢你，而不是迫于你的威慑力表面服从却内心反抗。